Sybille Bedford

Jagd auf einen Lebemann

Der Prozess Dr. Ward

Sybille Bedford

Jagd auf einen Lebemann
Der Prozess Dr. Ward

Eine Gerichtsreportage

Aus dem Englischen
von Matthias Fienbork

Mit einem Nachwort
von Gina Thomas

SchirmerMosel Literatur

Erstveröffentlichung des im Original englischsprachigen Typoskripts von Sybille Bedford, »The Worst We Can Do – A Concise Account of the Trial of Dr. Stephen Ward«, aus ihrem Nachlass, das im Harry Ransom Humanities Research Center, The University of Texas at Austin, aufgefunden wurde. Die Veröffentlichung erfolgt mit freundlicher Genehmigung des Archivs und des Sybille Bedford Estate.

Für das Nachwort danken wir Gina Thomas.

Gesetzt aus der Berthold Caslon
Satz: Uwe Steffen, München
Lithos: Bayermedia, München
Druck und Bindung: fgb, Freiburg i. Br.

ISBN 978-3-8296-0543-4

Eine Schirmer/Mosel Produktion
www.schirmer-mosel.com/literatur

Es fällt schwer, angesichts der Umstände von Dr. Stephen Wards Tod etwas anderes als Besorgnis und sogar einen gewissen Abscheu zu empfinden. Mancherorts wird angedeutet, die Justiz habe es mit seinem Prozess nicht allzu genau genommen. Hatte das Parlament ein Interesse daran, Ward mithilfe des Strafrechts kaltzustellen? Es besteht der Verdacht, die Polizei sei allzu bestrebt gewesen, eine Verurteilung zu erreichen …

The Observer, 11. August 1963

Nachdenkliche Menschen sind beunruhigt über gewisse Aspekte des Falls: den eingestandenen Meineid einer Zeugin, den vermuteten Meineid einer zweiten … Inzwischen dürfte kaum jemand mehr glauben, dass die Wahrheit, die ganze Wahrheit und nichts als die Wahrheit gesagt wurde …

The New Statesman, 9. August 1963

Bislang war es nur ein widriger Wind. Politische Skandale sollen letztlich dazu führen, dass ein Missstand beseitigt oder rückgängig gemacht, ein Unrecht aufgedeckt und behoben wird. Neben der Parteipolitik, der Schadenfreude, dem Predigen und Schmutzige-Wäsche-Waschen gibt es das ehrliche Bedürfnis, die Dinge aufzuklären, die Wahrheit herauszufinden und zurechtzurücken, Ereignissen und Menschen Gerechtigkeit widerfahren zu lassen. Es geht um Gerechtigkeit. Man muss sich nur an die Dreyfus-Affäre erinnern, um das zu verstehen. In der Profumo-Affäre könnte die Frage sehr wohl lauten: *was* für eine Gerechtigkeit?

Eine der Merkwürdigkeiten dieser Geschichte ist nämlich, dass sie keinen harten Kern hat. Besser gesagt, der Kern hat sich verschoben. Zuerst hatten wir die Sorge, es könne ein Sicherheitsproblem geben, dann wurde uns erklärt, dass es um Moral gehe, dann ging es um die Kompetenz, wenn nicht

Integrität der britischen Regierung; einige Wochen später wurde so getan, als handelte es sich um ein Wohnungsproblem. Und jedes verwirrende Element, das wie Karte auf Karte aus einem stümperhaft gemischten Stapel hervorgezogen und einem laufenden Verfahren oder einer offiziellen Untersuchung übergeben, also weggepackt wurde, schien weniger ein Produkt des ursprünglichen Delikts als vielmehr des Umgangs mit ebenjenem Delikt zu sein, der Art und Weise, wie saubergemacht oder weißgewaschen wurde. Unsere Befürchtungen galten nicht mehr Mr. Profumo, sondern den Methoden, wie die Wahrheit oder die Halbwahrheiten der Affäre präsentiert, zurückgehalten oder scheinbar verfolgt wurden.

Im Verlauf des Ward-Prozesses richteten sich diese Befürchtungen auf das bislang gravierendste Problem – die Rechtsprechung. Die strafrechtliche Verfolgung des Falles und die drei anderen mit der Profumo-Affäre verknüpften juristischen Episoden* haben uns gewichtige, düstere Fragen aufgeladen. Hässliche Beschuldigungen wurden erhoben; ob wir je die ganze Wahrheit erfahren werden, ist fraglich.

* Miss Keelers Verschwinden als Zeugin beim Edgecombe-Prozess, Miss Rice-Davies' Inhaftierung aufgrund einer dubiosen Anschuldigung sowie der Fall Lucky Gordon.

Diese Dinge sind derart weitreichend und komplex, dass man sie nur schwer beweisen, aufdecken, beurteilen kann. Fürs Erste können wir die Spitze des Eisbergs betrachten, den öffentlichen, allzu öffentlichen Prozess gegen Stephen Ward. Versuchen wir, wenn irgend möglich, ihn so zu betrachten, wie er sich den Geschworenen darstellen sollte – als gewöhnlichen Strafprozess. Gegenstand eines solchen Verfahrens ist ausschließlich das dem Beschuldigten zur Last gelegte Delikt, nichts sonst. Und das Urteil ergeht einzig und allein auf Grundlage des Beweismaterials, das während des Verfahrens vor diesem Gericht gehört wurde.

Das Verfahren gegen Dr. Stephen Ward fand vom 22. bis 31. Juli im Hauptverhandlungssaal des Old Bailey in London statt. Im Umfeld englischer Strafprozesse gelten mehrere Annahmen. Eine davon lautet, dass die Justiz, einschließlich Staatsanwaltschaft, unabhängig von der Exekutive ist und daher keinerlei politischen Einflüssen oder Interessen unterliegt. Diese Annahme ist ein wenig schizophren, da der Justizminister, oberster Dienstherr der Anklagebehörde und theoretisch verantwortlich für alle und in der Praxis für eine Handvoll Prozesse (darunter der Fall Ward), gleichzeitig Abgeordneter ist und dem Kabinett angehört.

In den Wochen vor seinem Prozess galt Dr. Ward in London und bei ausländischen Zeitungslesern als derjenige, der Christine Keeler mit dem britischen Kriegsminister bekanntgemacht hatte. Dr. Wards Freundschaft mit einem anderen Geliebten Miss Keelers, dem ehemaligen sowjetischen Marineattaché Iwanow, war im Unterhaus zur Sprache gekommen. Tatsächlich hatte Oppositionsführer Harold Wilson während der großen Debatte im Juni Iwanow als »Mittelsmann der sowjetischen Botschaft (in der Kuba-Krise)« bezeichnet. Die Öffentlichkeit wusste, dass Dr. Ward die Katze aus dem Sack gelassen hatte, indem er den Privatsekretär des Premierministers im Mai darüber informiert hatte, dass Mr. Profumo das Parlament belogen habe. Dr. Wards Name wurde mit Orgien und Exzessen, mit Erpressung, mit russischer Spionage in Verbindung gebracht. Die Angelegenheit erregte größtes Aufsehen. Im Frühjahr und Sommer 1963 war Dr. Ward, vorsichtig ausgedrückt, verfemt und in Ungnade gefallen.

Am 6. Juni trat er in einer Fernsehsendung auf. Er sagte: »Seit März gibt es eine erstaunliche Situation. Meine Patienten und Freunde wurden von der Polizei vernommen. Die Art der Fragen scheint nahezulegen, dass ich von sittenwidrigen Einkünften gelebt habe … Ich bin zum Privatsekretär des Premierministers gegangen, habe ihm die Umstände der Beziehung zwischen Keeler und Mr. Profumo erklärt, wie sie sich aus meiner Sicht darstellten … Ich habe [auch] an den Innenminister geschrieben, weil ich der Ansicht war, dass ich, um meinen Namen reinzuwaschen, vor allem darauf hinweisen müsse, dass ich die Beziehung zu keinem Zeitpunkt gefördert habe; tatsächlich habe ich das Gegenteil getan … Seinerzeit [im Sommer 1961] wandte ich mich an die Sicherheitsdienste, um meine Position zu erklären, denn ich hatte einen Freund in der sowjetischen Botschaft und glaubte zu Recht, mir Gedanken machen zu müssen …«

Er wurde gefragt: »Manche Leute könnten sagen, dass Sie dem Innenminister geschrieben haben, um ihn zu erpressen, um die Aufmerksamkeit von sich selbst abzulenken.« Darauf Dr. Ward: »Ich bedauere zutiefst, dass dieser Eindruck entstanden ist. Aus heutiger Sicht war das wohl unausweichlich. Aber das war nicht meine Absicht … Tatsächlich habe ich Mr. Brooke [Innenminister] keine Beweise unschicklichen Verhaltens vorgelegt, weil ich zwar Vermutungen hatte, seinerzeit aber nichts Genaues wusste.« Dr. Ward beendete das Interview mit der Erklärung, dass die polizeilichen Ermittlungen vermutlich so lange fortgesetzt würden, bis seine Unschuld feststehe – »das wird hoffentlich geschehen, ich habe meine uneingeschränkte Mitarbeit angeboten«.

Zwei Tage später, am 8. Juni, wurde Dr. Ward verhaftet. Obwohl er sich eines Vergehens schuldig gemacht und kein Verbrechen begangen hatte, wurde er nicht gegen Kaution auf freien Fuß gesetzt. Am 28. Juni begann die Vorverhandlung vor dem Marylebone Magistrates' Court, und am 3. Juli wurde entschieden, den Fall an ein Schwurgericht zu verweisen. Diesmal wurde Dr. Ward, entgegen polizeilichem Votum, gegen Kaution aus der Untersuchungshaft entlassen.

Nun hat ein Strafprozess – aus Sicht der Geschworenen – gewissermaßen als unbeschriebenes Blatt zu beginnen. Die Geschichte soll, Stück für Stück, vor ihnen aufgebaut werden; die Geschworenen werden sie in dieser und in jener und in noch anderer Weise hören, vielleicht werden sie sie bis zum Überdruss zu hören bekommen, aber sie sollen sie nie zuvor gehört haben. Allerdings ist die Vorverhandlung öffentlich (zumindest in England, das schottische Rechtssystem ist anders), die Presse kann darüber berichten. Und in diesem Fall war das bekanntlich so. Die in dieser Phase veröffentlichten Einzelheiten geben zwangsläufig ein verzerrtes Bild wieder. Es ist einseitig, weil sich in der Regel nur die Staatsanwaltschaft geäußert hat. Die Verteidigung weiß nicht, wie das Belastungsmaterial aussieht, und kann sich nicht vorbereiten. Daher wird sie – es sei denn, ihr Mann ist nachweislich und spektakulär unschuldig (»Er hat einen eineiigen Zwilling und hielt sich zur Tatzeit in Brasilien auf – wir legen hier zwei Pässe vor«) – einige vorsichtige Fragen stellen, auf nicht schuldig plädieren und sich ansonsten zurückhalten. Zweitens müssen Zeitungen, die nicht so viel Platz wie ein Telefonbuch haben, ihre Wortflut beschränken. Da zu Recht angenommen wird, dass MANDY ZERTRÜMMERT EINWEGSPIEGEL oder ER ZAHLTE MIR 50 PFUND publikumswirksamer ist als »Nun, ich war ihm 11,50 für die Miete schuldig«, schaffen es manche Dinge in die Schlagzeilen und manche nicht. Die es schaffen, bleiben hängen.

Das veröffentlichte Beweismaterial aus der Vorverhandlung hinterließ einen seltsam zwiespältigen Eindruck. Einerseits wirkte alles unsagbar schäbig und widerwärtig; man hatte das Gefühl, dass Ward vielleicht doch ein Mädchenbeschaffer, ein Zuhälter, ein Lude war, aber das spielte keine Rolle; Abschaum, wohin man blickte, mit diesem Kerl wollte man nichts zu tun haben. Andererseits hatte man den Eindruck, dass das Beweismaterial nicht überzeugend und zweifelhaften Ursprungs war, dass die Anklage auf tönernen Füßen stand.

* * *

Der Prozess wurde, einmal vertagt, am 22. Juli eröffnet, nur neunzehn Tage nach der Vorverhandlung. Den Antrag der Verteidigung, das Verfahren zwecks besserer Vorbereitung auf September zu verschieben, hatte der Richter, Mr. Justice Marshall, mit dem Hinweis abgelehnt, dass es im öffentlichen Interesse liege, den Fall möglichst schnell zu verhandeln.

Der Tag begann in jener Atmosphäre, die für Sensationsprozesse in England charakteristisch ist – draußen vor dem Gericht Warteschlangen, Erregung, eine gaffende Menge, Polizei; im Innern Gelassenheit und geradezu langweilige Ruhe. Anträge werden in juristischem Gemurmel begründet und abgelehnt. Die Geschworenen werden hereingerufen, vereidigt, elf Männer und eine Frau, zwei Reihen leere Gesichter, das Resultat beiläufiger Schicksalsentscheidungen. Da erscheint Dr. Ward auf der imposanten Anklagebank. Man kann erkennen, dass er jung aussieht, schmal, mit sensiblem Gesicht. Er trägt Brille, seine Kleidung ist unauffällig, weder gepflegt oder elegant noch das Gegenteil. Er sieht klassenlos aus, deplatziert und beklemmend menschlich. Hier, wo wir alle für unseren täglichen Auftritt als Richter und Verteidiger und Reporter und Polizisten gekleidet sind und uns auch so geben und wo die Geschworenen einigermaßen unpersönlich aussehen, scheint Mr. Ward der einzige Laiendarsteller zu sein. Die Anklageschrift wird in archaischem Ton verlesen, Dr. Ward sagt sein »Nicht schuldig« mit fester Stimme. Staatsanwalt Mervyn Griffith-Jones, der Veteran aus dem Lady-Chatterley-Prozess, vertritt auch hier die Anklage. Dies ist (in gedrängter Form) der Inhalt seines Vortrags:

> Dr. Ward wird beschuldigt, an verschiedenen Tagen ganz oder teilweise von den Einkünften aus Prostitution gelebt zu haben.
>
> Hier wird von Geldbeträgen berichtet werden, die er von Miss Keeler und Miss Rice-Davies und von einer männlichen Person erhalten hat. Aber davon ganz abgesehen – wenn bewiesen ist, dass er so lebte oder sich gewohnheitsmäßig in Gesellschaft von Prostituierten bewegte oder Einfluss auf sie hatte dergestalt, dass er sie zur Prostitution animierte oder zwang, dann würde allein das schon genügen, ihm die Beweislast aufzuerlegen.

Er würde darlegen müssen, dass er nicht ganz oder teilweise von solchen Einkünften gelebt hat.

Mr. Griffith-Jones' Stimme ist schleppend, aber klar.

Eine Prostituierte ist nicht zwangsläufig die Sorte Frau, an die man bei diesem Wort denkt … Sie muss nicht unbedingt auf der Straße ihrem Gewerbe nachgehen … oder ein Callgirl sein, das seine Dienste am Telefon anbietet …

Christine Keeler, heute einundzwanzig, ging mit sechzehn von zu Hause weg. In einem Klub, wo sie arbeitete, lernte sie Ward kennen. Er führte sie aus, besuchte sie im Haus ihrer Mutter, lud sie auf sein Landhaus ein. Er machte sie mit einem gewissen Rachman bekannt, von dem Sie aus den Zeitungen erfahren haben [der berüchtigte Immobilienbesitzer]. Bald darauf zog Keeler bei Rachman ein, traf sich aber weiterhin mit Ward. Marilyn Rice-Davies kam 1960 nach London, ebenfalls mit sechzehn. Sie lernte Keeler kennen, die sie Ward und Rachman vorstellte. Marilyn wurde nach Clivenden mitgenommen und hatte dort eine Affäre mit Ward. [Griffith-Jones verwendete während des ganzen Prozesses das Wort Geschlechtsverkehr.]

Wenig später nahmen sich die beiden Mädchen eine Wohnung in der Comeragh Road. Der Angeklagte bezahlte einmal einen Teil der Miete mit einem Scheck, den er von Lord Astor erhalten hatte. Ich möchte darauf hinweisen, dass der Scheck nicht dem Vermieter übergeben wurde, sondern dem Angeklagten – möglicherweise für osteopathische Behandlungen. Wir wissen nicht, warum der Scheck an ihn ging. Ich erwähne es nur. Im Grunde hat es nichts mit dem Fall zu tun. [Allerdings kam immer wieder die Rede auf Lord Astors Scheck.] Ich möchte aber darauf hinweisen, dass Ward in der Anfangsphase ihrer Bekanntschaft die Miete für die beiden Mädchen bezahlte und sie mit Männern zusammenbrachte.

Im März 1961 wohnte Mandy bei Rachman, während Keeler bis Juni bei einem Perser wohnte und anschließend bei Dr. Ward in Wimpole Mews einzog. Dort blieb sie, mit Unterbrechungen, bis August oder September des folgenden Jahres. Sie hatte einen ständigen Freund. Trotzdem hatte sie in Wimpole Mews auch Geschlechtsverkehr mit einer Anzahl von Männern. Mr. Profumo, der Russe Iwanow, ein Mr. Eynan und jemand, dessen Namen sie vergessen hat, ein gewisser Charles.

Von einigen dieser Männer erhielt sie Geld, in einem Fall zwanzig Pfund. Einmal wurde sie von Dr. Ward gebeten, »Charles« zu besuchen. Sie tat das und erhielt fünfzig Pfund. Einen Teil davon gab sie Ward. Sie sagt, sie habe Geld zurückbezahlt, das er ihr geliehen hatte.

Bald darauf bezog Keeler eine eigene Wohnung, und im September 1962 nahm Mandy ihre Stelle ein. Sie wurde einem indischen Doktor vorgestellt, der Ward bereits fünfundzwanzig Pfund für die Nutzung eines Zimmers bezahlt hatte. Ward erklärte Mandy: »Geh doch einfach mit ihm ins Bett, wozu brauchst du einen Außenstehenden.« Sie war einverstanden, und der Inder ließ nach jedem Besuch fünfzehn oder fünfundzwanzig Pfund auf dem Frisiertisch liegen. Mandy gab Ward zwei oder drei Pfund von diesem Geld.

Im Dezember tauchte ein Westinder, angeblich Edgecombe, in den Mews auf, brüllte herum und schoss auf Miss Keeler. Der Vorfall erregte großes Aufsehen, und Ward beschloss auszuziehen. Rachman war im November gestorben, woraufhin Mandy sich eine eigene Wohnung nahm. Ward wohnte zunächst bei einem Freund und zog dann im Januar 1963 in die Wohnung in Bryanston Mews West, die Rachman bewohnt hatte …

Mr. Griffith-Jones skizzierte sodann weitaus konkretere und vernichtendere Vorwürfe, nämlich die Aussagen von Miss Ricardo und Vickie Barrett, auf die ich später zurückkommen werde.

In dieser Situation wurde deutlich, vor welcher Aufgabe die Anklage stand. Anders als bei Mord oder Einbruch geht es in einem solchen Fall nicht um die Aufklärung eines Verbrechens. Die Frage lautet hier nicht: Wer war der Täter?, sondern: Wurde eine Straftat begangen? Es muss die Handlung in ihrer Gesamtheit bewiesen werden. Um jemanden zu verurteilen, weil er ganz oder teilweise von sittenwidrigen Einkünften gelebt hat, kommt es weniger darauf an, ob tatsächlich Geld den Besitzer gewechselt hat; in erster Linie muss festgestellt werden, ob die betreffende Frau Geld in sittenwidriger Weise verdient hat. Kurzum, es muss nachgewiesen werden, dass sie eine Prostituierte ist. Die Staatsanwaltschaft musste die Geschworenen also davon überzeugen, dass Christine Keeler und Rice-Davies tatsächlich Prostituierte waren. Das war der springende Punkt.

Miss Keeler wurde in den Zeugenstand gerufen.

Der Staatsanwalt redete nicht lange um den heißen Brei herum.

MR. GRIFFITH-JONES: Hatten Sie Geschlechtsverkehr mit Rachman?
MISS KEELER: Ja.
GRIFFITH-JONES: Hat der Angeklagte Sie besucht?
KEELER [mit dünner, kraftloser Stimme]: Nein. Ich habe Dr. Ward besucht.
GRIFFITH-JONES: Sie hatten nie Geschlechtsverkehr mit dem Angeklagten? Stimmt das?
KEELER: Ja.
RICHTER: Haben Sie von Rachman Geld bekommen?
KEELER: Ja. Er hat mich ausgehalten.
RICHTER: Beantworten Sie meine Frage!
KEELER: Ja, er hat mir Geld gegeben.

Natürlich sind alle Augen auf sie gerichtet. Sie ist ja auch eine sehr, sehr hübsche junge Frau. Die Kurven und Linien sind perfekt, der Kopf bezaubernd und anmutig, das Gesicht hat etwas Orientalisches: der makellose Teint, die hohen Wangenknochen, die mandelförmigen Augen, o ja, ihre sexuelle Attraktivität konnte bestimmt umwerfend sein, keine Frage. Aber es gibt andere Dinge, die erschrecken. Nicht nur das dünne, ordinäre Stimmchen ist verräterisch, der Gesichtsausdruck ist gierig, spröde, verschlossen. (*Cet affreux petit visage*, nannte es ein französischer Kollege.) Bei aller Eleganz, allem Sex-Appeal strahlt sie nichts Lebendiges aus, als wäre der Sex Fertigsex, Tiefkühlsex, zur Schau gestellt wie die Obstschale auf dem Farbphoto. Der Zeugenstand ist kein gemütlicher Ort, und er bringt persönliche Qualitäten nur selten zum Vorschein, aber ich glaube nicht, dass er etwas hervorbringt, was nicht schon vorhanden ist. Dieses Mädchen offenbarte eine Leblosigkeit, eine Ausdruckslosigkeit, eine grundsätzliche Unzugänglichkeit, wie man sie nur mit größter Armut assoziiert. In Verbindung mit dieser gepflegten, nahezu perfekten Erscheinung war das ausgesprochen irritierend.

GRIFFITH-JONES: Wurden Sie, während Sie in der Comeragh Road wohnten, von Dr. Ward anderen Leuten vorgestellt?

KEELER: Ja, Freunden von ihm.

GRIFFITH-JONES: Hatten Sie Geschlechtsverkehr mit ihnen?

KEELER: Ich kann mich nicht erinnern.

RICHTER: Denken Sie nach, Miss Keeler.

KEELER: Mit dem einen oder anderen vielleicht.

GRIFFITH-JONES: Bekamen Sie Geld dafür?

KEELER: Nein.

GRIFFITH-JONES: Sind Sie ins Ausland gereist, und wer hat das bezahlt?

KEELER: Nun ja, ich war abgebrannt. Ich habe mir Geld geborgt, um nach Frankreich fahren zu können. Es war ein Kredit.

GRIFFITH-JONES: Von einem Mann?

KEELER: Ja.

RICHTER: Haben Sie den Kredit zurückgezahlt?

KEELER: Nein.

GRIFFITH-JONES: Hatten Sie Verkehr mit dem Mann?

KEELER: Nein.

Und so ging es immer weiter. Einmal rief sie: Ich war und bin keine Prostituierte. »Haben Sie Dr. Ward Geld gegeben als Mietanteil für die Wohnung in Wimpole Mews?« Nicht regelmäßig. »Haben Sie von einer anderen Person Geld bekommen, damit Sie die Miete für Ihr Zimmer bezahlen konnten?« Von Mr. Eynan. »Wie viel?« Unterschiedlich. Zwischen fünfzehn und zwanzig Pfund. »Wo haben Sie Eynan kennengelernt?« In einem Klub. »Haben Sie sich mit einem jungen Perser angefreundet, und haben Sie drei Monate bei ihm gewohnt? Wer hat die Miete bezahlt?« Er. Der Richter fragt: »Wer hat das Essen bezahlt?« Wir sind oft essen gegangen. »Und Ihr Taschengeld?« Ich habe mich auch mit Mr. Eynan getroffen. »Sie haben von ihm Geld bekommen und wurden von dem jungen Perser ausgehalten?« Der Perser hat mir nie Geld gegeben, er hat mich ausgehalten. Er war sehr jung. »Hat Mr. Profumo Ihnen Geld gegeben?« Er hat mir nie Geld gegeben, nur einmal, für meine Mutter. Iwanow hat mir nie etwas gegeben. »Hatten Sie Geschlechtsverkehr mit dem Mann namens Charles?« Dr. Ward meinte, wenn ich ihn besuche, wird er mir Geld geben. »Wer hat das Treffen arrangiert?« Ich erinnere mich wirklich nicht mehr. »Haben Sie das Geld, das Sie von diesen Männern bekamen, an Dr. Ward weitergegeben?« Ja, um meine Schulden abzubezahlen. Ich schuldete ihm gewöhnlich mehr, als ich verdient habe. Ich habe ihm nur die Hälfte gegeben. »Welchen Einfluss hatte Dr. Ward auf Sie?« Dr. Ward ist ein sehr charmanter Mensch, ich war völlig in seiner Hand.

Es war nicht zu erkennen, ob sie log oder ihren eigenen Worten glaubte oder ob sie die Wahrheit sagte. Ihre Stimme war so dünn und leblos, dass ihre Antworten oft kaum zu hören waren. Zuweilen hatte man den Eindruck, als stünde eine Puppe im Zeugenstand. Man darf nicht vergessen, dass Miss Keeler zu diesen und anderen Dingen insgesamt vierundzwanzig Mal vernommen worden war und schon zuvor im Gordon-Prozess und in diversen anderen Verfahren ausgesagt hatte. Schwer zu sagen, ob sie sich daran oder an ihre Story gewöhnt hatte. (In London witzelte man damals: Ihr Doktor sagt: »Noch ein paar Tage auf den Beinen, Miss Keeler, und Sie liegen wieder im Bett.«) Nur einmal durchbrach sie das übliche Muster, als sie beiläufig erklärte: »Alle an diesem Fall Beteiligten versuchen, mich zu erpressen.«

Dann erhob sich der Verteidiger, Mr. Burge, um sie ins Kreuzverhör zu nehmen.

Mr. Burge: Als Sie in Wimpole Mews wohnten, waren Sie gewöhnlich knapp bei Kasse?

Keeler: Ja.

Burge: Dr. Ward hat Ihnen Taschengeld gegeben?

Keeler: Ja.

Burge: Jeder, der Sie gesehen hat, denkt natürlich, dass Sie, wenn Sie Ihren Körper verkaufen wollten, sehr viel Geld verdienen konnten.

Keeler: Ja.

Burge: Aber als Sie bei Dr. Ward wohnten, haben Sie offensichtlich nicht viel Geld verdient?

Keeler: Das stimmt.

Burge: Sie haben mietfrei gewohnt in einer gut aus-

gestatteten Wohnung im West End, mit Telefon, Strom und Bad?
KEELER: Ja.

»Einmal abgesehen von seinen sexuellen Aktivitäten, hat Dr. Ward ein normales Leben geführt, insofern er jeden Tag zur Arbeit gegangen ist?« Ja. »Einige Männer sind oft abends zum Bridge gekommen? Männer, von denen uns die Anklage nichts berichtet hat?« Ja. »Als Künstler hatte Dr. Ward gern hübsche Mädchen um sich?« Ja. »Und er hat sie gemalt?« Ja. »Mr. Eynan wurde Ihnen nicht von Dr. Ward vorgestellt?« Das stimmt. »Sie hatten eine zweijährige Liaison mit Mr. Eynan, weil Sie ihn sympathisch fanden? Geld spielte nur eine untergeordnete Rolle?« Ja. »Er hat Sie ins Theater und in Restaurants eingeladen, und Sie sind oft mit Männern und anderen jungen Frauen ausgegangen? Als attraktive Frau wurden Sie von Männern ausgeführt, Sie selbst mussten nichts bezahlen? Es ging nicht darum, dass Sie sich Männern für Geld zur Verfügung stellten? Dieser Mann, der Ihre Reise nach Paris und New York bezahlte, waren Sie mit ihm verlobt?« Ja. »Es handelt sich um Michael Lambton, nicht wahr?« Ja. »Dr. Ward drängte Sie, als Modell und beim Fernsehen zu arbeiten, und er hat Sie Agenten und einem

Filmproduzenten [nennt Namen] vorgestellt?« Ja. Dr. Ward hat mir viel Taschengeld gegeben, manchmal war er selbst knapp bei Kasse, dann habe ich ihm von meinem eigenen Geld etwas gegeben. *»Sie haben dem Angeklagten nie so viel zurückgegeben, wie Sie von ihm bekommen haben?«* Nein.

Die folgenden Passagen sind von Interesse, da sie Miss Keelers Glaubwürdigkeit als Zeugin betreffen. Mr. Burge wies darauf hin, dass Dr. Ward zwar beschuldigt werde, von ihren sittenwidrigen Einkünften gelebt zu haben, er mit ihr aber einen hochrangigen Beamten des Rauschgiftdezernats von Scotland Yard aufgesucht habe, der ihr ins Gewissen reden sollte. Keeler bestritt das. Als Mr. Burge insistierte: »Dr. Ward wollte, dass Sie mit dem Marihuanarauchen aufhören …«, unterbrach sie ihn: »Er raucht ja selbst mit mir.« Und im anschließenden Verhör durch Mr. Griffith-Jones erklärte sie, Ward habe sie zum Marihuana gebracht.

Später gelang es Mr. Burge jedoch, Miss Keeler noch einmal zu befragen, und es entspann sich folgender Dialog: »Erinnern Sie sich, dass Sie ganz klar gesagt haben, Dr. Ward habe Sie nicht wegen eines Gesprächs mit Chief Inspector Partridge zu Scotland Yard gebracht?

KEELER: Nein, also, nun ja, er hat mich darum gebeten. Es war ein Missverständnis … wir sind hingegangen.

BURGE: Es stimmt also, dass er mit Ihnen zu Scotland Yard gegangen ist, um sich vernehmen zu lassen …

KEELER: Nein, nicht wegen einer Vernehmung.

BURGE: Was ich von Ihnen wissen will, und ich habe hier eine Abschrift der Erklärung des Beamten … stimmt es, dass Dr. Ward mit Ihnen zu Scotland Yard gefahren ist?

KEELER: Wir sind zu Scotland Yard gefahren.

BURGE: Es war also unzutreffend, als Sie sagten, er sei nicht mit Ihnen dorthin gefahren? Tatsache ist, dass ein Mann, der beschuldigt wird, von Ihren sittenwidrigen Einkünften gelebt zu haben, mit Ihnen zur Polizei gegangen ist.

KEELER: So war Stephen eben.

Die zweite Passage betrifft Lucky Gordon, Keelers anderen westindischen Lover, der am 6. Juni angeklagt wurde, sie angegriffen und verletzt zu haben, und zu drei Jahren verurteilt worden war. Er hatte geltend gemacht, dass die Verletzungen nicht von ihm stammten. Inzwischen hat er Berufung eingelegt. Eine Entscheidung wurde für den 31. Juli erwartet, nach dem voraussichtlichen Ende des Ward-Prozesses.

BURGE: Haben Sie bei früherer Gelegenheit, und zwar im Verfahren gegen einen gewissen Gordon, unter Eid ausgesagt?
KEELER: Ja.
BURGE: Haben Sie da die Wahrheit gesagt?
KEELER: Ja.

Der Leser mag den Eindruck gewonnen haben, dass Mr. Burges Kreuzverhör gut, sehr gut, sachdienlich war. Leider war es in der Ausführung nicht so beeindruckend, wie es auf dem Papier aussieht. Mr. Burge, der mutig und unverdrossen für seinen Mandanten kämpfte, schien nicht die Wirkung auf Zeugen oder Geschworene zu haben, die ein melodramatisch argumentierender Verteidiger womöglich erzielt hätte. Unglücklicherweise konnte er auch den Richter nicht beeindrucken. Von Anfang an hatte man den starken Eindruck, der teils von ihm selbst erzeugt war, in jedem Fall aber seiner Überzeugung entsprach, dass er es sehr schwer hatte. Dem Richter erklärte er: »In jeder Phase dieses Verfahrens ging es einzig darum, der Staatsanwaltschaft entgegenzukommen und das Vorgehen der Verteidigung zu hemmen.« Mr. Burge vermittelte stets den Eindruck eines Mannes, dem Steine in den Weg gelegt werden.

BURGE: Miss Keeler, Sie haben erklärt, dass Ihre Verletzungen von Gordon verursacht wurden.
KEELER [schmollend]: Ja, so war es.
BURGE: Ist Ihnen bekannt, dass Gordon erklärt hat, die Verletzungen stammten nicht von ihm?
KEELER: Der Mann ist verrückt. Natürlich waren sie von ihm.
BURGE: Und dass er zwei Zeugen bestellen wollte, Fenton und einen gewissen Camacchio? Und dass Sie unter Eid ausgesagt haben, dass diese beiden zum Zeitpunkt des Geschehens nicht anwesend waren?
KEELER: Ja. Ich habe gesagt, dass sie nicht anwesend waren, weil sie nicht anwesend waren.
BURGE: Wäre es falsch zu sagen, dass sie in ein Schlafzimmer gesteckt wurden, als die Polizei eintraf?
KEELER: Völlig falsch.
BURGE: Haben Sie gesagt, dass Sie Gordon loswerden und ihn deportiert sehen wollten?
KEELER: Nein, nie.

Das Kreuzverhör ging wie folgt zu Ende: »Dass Sie völlig in Dr. Wards Hand waren – ist das nicht ein Ausdruck, der in Ihren Memoiren vorkommt?« Ja. »Hat ein Journalist diese Memoiren für Sie geschrieben? Sie haben nicht schlecht daran verdient – Sie haben Ihre Story für 23 000 Pfund verkauft. Und das sind nur die britischen Rechte.«

Keeler antwortete: »Mein Ruf ist ruiniert, ich muss an die Zukunft denken.«

* * *

Tags darauf war Mandy Rice-Davies, hübsch herausgeputzt, an der Reihe. Nachdem Mr. Griffith-Jones sie zu dem Scheck von Lord Astor befragt hatte (»Wer hat die Miete bezahlt?« Ich nicht. »Wussten Sie, wer?« Ja. »Wie wurde die Miete bezahlt?« Mit einem Scheck. »Wessen Scheck?«), fragte er: »Hatten Sie Geschlechtsverkehr mit ihm?«

Mandy [liebenswürdig]: Nicht bei der Übergabe des Schecks. Zwei Jahre später.

Griffith-Jones: Hatten Sie in dieser Wohnung Geschlechtsverkehr mit anderen Männern?

Mandy: Mit Peter Rachman.

GRIFFITH-JONES: Irgendjemand sonst?
MANDY: Douglas Fairbanks.
GRIFFITH-JONES: Noch jemand?
MANDY: Ein Freund von mir.
GRIFFITH-JONES: Bekamen Sie Geld von irgendjemandem?
MANDY: Nein. Außer von Rachman. Er hat mich ausgehalten. Ich bekam einen wöchentlichen Betrag.

Nach Christine Keelers mechanischen Blassheiten hatten wir es wieder mit Fleisch und Blut zu tun. Miss Rice-Davies fühlte sich wohl im Zeugenstand, wie eine muntere Wildkatze, die weiß, dass reichlich Mäuse auf sie warten. Sie strahlte Präsenz aus, jene Eigenschaft, die auch für Anwälte von großem Vorteil ist. Auf der Bühne würde sie sich bestimmt gut machen. Sie berichtete, dass Dr. Ward ihr von Freunden erzählt habe. Mr. Griffith-Jones fragte, was diese Freunde tun würden.

MANDY [breites Grinsen]: Freunde sind immer nützlich. Sie können finanziell nützlich sein.
GRIFFITH-JONES: Warum sollte ein Freund ihm finanziell von Nutzen sein?
MANDY: Weil diese Leute sehr einflussreich waren.

RICHTER: Wenn Sie finanzielle Hilfe von solchen Leuten erhielten, wie würde das *quid pro quo* aussehen?

Miss Rice-Davies beugte sich mit fragender Miene vor.

RICHTER: Wissen Sie, was das bedeutet?
MANDY: Nein.
RICHTER: Welche Gegenleistung würden Sie dafür erbringen?
MANDY: Ach so. Sex, vermutlich.

Dann wurde sie zu dem indischen Doktor befragt. Ward hatte ihr gesagt, dass er fünfundzwanzig Pfund in Scheinen von ihm bekommen habe und ob der Doktor zusammen mit seiner Freundin kommen könne. Er machte sie mit dem Doktor bekannt, der dann wieder erschien, diesmal allein. Es kam zu Geschlechtsverkehr mit Mandy. In der Wohnung. Tagsüber. Etwa fünf Mal.

GRIFFITH-JONES: Hat er Sie bezahlt?
MANDY: Nun, ja.
GRIFFITH-JONES: Hatten Sie Geschlechtsverkehr mit anderen Männern in der Wohnung?

MANDY: Ja, ich hatte einen Freund.

GRIFFITH-JONES: Mit Rachman?

MANDY: Rachman lebte da schon nicht mehr.

GRIFFITH-JONES: Sonst jemand?

MANDY [mit Nachdruck]: Das war das erste Mal, dass ich Geschlechtsverkehr mit Lord Astor hatte.

GRIFFITH-JONES: War Ward zu diesem Zeitpunkt in der Wohnung?

MANDY: Einmal. Es war ganz normal, dass er in der Wohnung war. [Mit gewinnendem Lächeln.] Das ist doch normal, nicht? Ist doch nichts dabei.

RICHTER: Achten Sie auf Ihre Worte, sonst bekommen Sie noch Schwierigkeiten.

Hat sie, abgesehen von dem indischen Doktor, auch von anderen Geld erhalten? Nein. Von den Männern, mit denen sie schlief? O nein. Lord Astor? O nein. Von sonst jemandem damals? Nein. Hatte sie eine Affäre mit Ward? Nein. Sollte sie ihn mit Mädchen bekannt machen? Nein. Hat er Ihnen Bücher in der Wohnung gezeigt? Es gab einen Haufen Bücher in der Wohnung. In denen es um Sex ging? Nein.

Eine andere Episode. Ward war mit der Miete in Rückstand und bat Mandy, sich bei einem Mann zweihundertfünfzig Pfund zu borgen. Der Name wird genannt. »War die Idee, dass Sie mit dem Mann ins Bett gehen?« Ich glaube, ja. »Wer hat das angesprochen?« Niemand hat das angesprochen. »Haben Sie ihn um die zweihundertfünfzig Pfund gebeten?« Nein. »Warum nicht?« Er war mir nicht sympathisch. »Haben Sie Dr. Ward berichtet, dass Sie den Herrn nicht um das Geld gebeten haben?« Er sagte: Kein Problem.

Nun zu den Finanzen: »Können Sie uns sagen, wie viel Geld Sie Dr. Ward alles in allem gegeben haben?« Mandy: »Alles in allem rund fünfundzwanzig Pfund.«

Mr. Burge kam nun auf eine andere Sache zu sprechen, die im Parlament bereits zu Fragen geführt hatte. Es ging darum, auf welche Weise von der Staatsanwaltschaft das Erscheinen von Miss Rice-Davies als Zeugin der Anklage in die Wege geleitet worden war. (Mandy, die sich Anfang Juni in Mallorca aufgehalten hatte, war von der Polizei ersucht worden, nach England zurückzukehren. Sie willigte ein unter der Bedingung, dass ihre Ausgaben zurückerstattet werden. Kosten für den Staat: hundertachtzig Dollar. Mandy flog nach London, wurde vernommen und wollte eine Woche später nach Spanien zurückkehren.)

Burge: Am Sonntag, den 16. Juni, trafen Sie um dreiundzwanzig Uhr auf dem Londoner Flughafen ein, nicht wahr? Wurden Sie von zwei Beamten angehalten?

Mandy: Sie wollten mich sprechen.

Burge: Wurde Ihnen erklärt, dass man Sie eventuell wegen eines gestohlenen Fernsehgeräts anklagen würde?

Mandy: Es war nicht gestohlen. Ich hatte das Gerät gemietet und es in Peter Rachmans Wohnung gelassen, als er starb.

Mandy Rice-Davies wurde zur Polizeiwache Marylebone gebracht und dort von Chief Inspector Herbert vernommen [der für den Fall Ward zuständig war]. Um ein Uhr fünfzehn wurde sie gegen Kaution in Höhe von tausend Pfund auf freien Fuß gesetzt. [Der Wert des Fernsehgeräts wurde auf achtzig Pfund beziffert.] Bedingung war, dass sie am 28. Juni [dem Beginn der Vorverhandlung im Fall Ward] auf der Polizeiwache Marylebone erscheint.

Burge: Wurde Ihnen irgendeine Begründung für diesen Termin gegeben?

Mandy: Nein. Es war offensichtlich.

BURGE: Und Sie haben an dem Tag im Magistrates' Court ausgesagt? Unter dem Druck dieser möglichen Anklage?

MANDY: Ja. Es war ja ohnehin konstruiert.

Anschließend wurde ihr seitens der Polizei erklärt, dass man keine Anklage gegen sie erheben werde. Der Fernsehmensch wurde telefonisch herbeizitiert, man sah sich um sechzehn Uhr dreißig in einem Raum im Gericht, und damit war die Sache geklärt.

Des Weiteren war die Verteidigung bemüht, ein positives Bild von Mandys Beziehung zu Rachman zu zeichnen. »Sie haben mit ihm wie Mann und Frau gelebt?« »Waren Sie sehr verliebt in ihn?« »Hatten Sie die Absicht, zu heiraten, sobald er geschieden war?« Ja. »War er Ihnen gegenüber sehr großzügig?« O ja.

Erst nach einer Auseinandersetzung mit ihm zog sie in die Wohnung in Wimpole Mews.

Und nun Mr. Burges großer Auftritt: »Sie versprechen sich etwas vom Ausgang dieses Prozesses, nicht wahr, *Geld*?«

Mandy sagte, mit herausforderndem Blick und breitem Lächeln: *»Jaaa.«*

»Viel Geld?«

Mandy griff diese Anregung dankbar auf und sagte mit samtweicher Stimme: »Wenn das möglich ist.«

»Je sensationeller Sie Ihre Story darstellen, desto besser. Sie wissen, dass Ihre Story aufgrund der Persönlichkeitsrechte weniger interessant ist, wenn Dr. Ward freigesprochen wird?«

Mandy: »Ich hoffe, er wird freigesprochen.«

* * *

Wir kommen nun zu Ronna Ricardo, der erklärtermaßen meineidigen Zeugin. Vielleicht wäre es sinnvoller, ihre Story chronologisch zu schildern statt in der bunt durcheinandergewürfelten Weise, wie sie vor Gericht präsentiert wurde. Ronna Ricardo hatte gegenüber der Polizei und in der Vorverhandlung folgendes erklärt: »Ich bin Tänzerin und verdiene Geld auch damit, dass ich Männer besuche und von ihnen bezahlt werde. Nach Weihnachten 1962 war ich in einer Wohnung am Grosvenor Square. Dr. Ward machte mich dort mit einem Mann bekannt, an dessen Namen ich mich aber nicht mehr erinnere. Ich hatte Sex mit diesem Mann in der Wohnung. Er gab mir fünfundzwanzig Pfund.« Bei anderen Gelegenheiten wurde sie von Ward gebeten, in seine Wohnung zu kommen. Wenn sie dort erschien, wartete ein Mann auf sie, oder es traf wenig später jemand ein. Sie ging dann mit dem Mann in das Schlafzimmer, während Dr. Ward im Salon saß. Die Männer gaben ihr Geld. In der Wohnung war ein Einwegspiegel, durch den Ward möglicherweise das Geschehen beobachtete … Und so weiter, immer in diesem Stil.

Zwei Wochen, nachdem Ricardo diese Aussage gemacht hatte, ging sie zu einer Zeitung, *The People*, und erklärte, sie wolle eine eidesstattliche Erklärung des Inhalts abgeben, dass ihre Aussage unwahr sei. Ein Reporter ging mit ihr zu Scotland Yard, wo sie eine unterzeichnete Erklärung überreichte und vor einem Beamten eine weitere Erklärung machte. Dies ist die Erklärung, die während der Gerichtsverhandlung schließlich verlesen wurde:

> Ich bin heute erschienen, um eine Erklärung zum Fall Ward abzugeben. Ich möchte feststellen, dass die Aussage, die ich im Magistrates' Court Marylebone gemacht habe, zum größten Teil falsch ist.
>
> Ich möchte feststellen, dass ich in Stephen Wards Wohnung nie einem Mann begegnet bin, außer meinem Freund Silky Hawkins. Er

ist der Einzige, mit dem ich in Wards Wohnung Geschlechtsverkehr hatte.

Es stimmt, dass ich Ward nie Geld gab, das ich von Männern bekam, mit denen ich Geschlechtsverkehr hatte.

Ich habe Wards Wohnung nur einmal gesehen, und zwar mit Silky. Ward war anwesend und Michelle. Die Aussagen, die ich gegenüber der Polizei gemacht habe, sind unwahr. Ich habe sie gemacht, weil ich nicht wollte, dass meine jüngere Schwester in ein Heim kommt oder dass mir mein Baby weggenommen wird. Mr. Herbert sagte, sie würden meine Schwester und mein Baby abholen, wenn ich die Aussagen nicht mache. Er drohte auch damit, dass er meinen Bruder einbuchten würde, und zwei Tage später wurde er tatsächlich wegen Zuhälterei eingesperrt.

Ich glaubte Mr. Herberts Worten, und deshalb habe ich die Erklärungen abgegeben und meine Aussage gemacht … Ich habe nicht die Absicht, wieder eine falsche Aussage zu machen, erst recht nicht im Old Bailey. Mein Anwalt, mit dem ich am Montag sprach, riet mir, jemandem davon zu erzählen. Heute Nachmittag bin ich zur Zeitung *The People* gegangen und habe dort eine Erklärung abgegeben. Ich möchte einfach, dass alle wissen, warum ich einen Meineid geschworen habe. Es soll nicht wieder passieren.

Als Ricardo aufgerufen wurde, wussten die Verteidigung und der Richter von diesem Sachverhalt. Ihnen lagen die Erklärungen, die erste Aussage und der Widerruf vor. Und so wurde die ganze Sache den Geschworenen präsentiert:

GRIFFITH-JONES: Wie oft waren Sie in Wards Wohnung?
MISS RICARDO: Einmal.
RICHTER: Wie oft waren Sie in Wards Wohnung?
RICARDO: Nur ein einziges Mal.

Mr. Griffith-Jones wandte sich nun an den Richter: »Ich möchte Ihre Aufmerksamkeit auf Erklärungen lenken, die die Zeugin abgegeben hat. Ich würde beantragen, sie als gegnerisch zu betrachten.«

RICHTER [nachdem er die Unterlagen studiert hat]: Wie oft waren Sie in Bryanston Mews?
RICARDO: Einmal.

Der Richter nickte Mr. Griffith-Jones zu, der daraufhin mit der Zeugin die erste Aussage durchging,

Punkt für Punkt, Wort für Wort. »Waren Sie nach Weihnachten in einer Wohnung am Grosvenor Square, wo Dr. Ward Sie mit einem Mann bekannt machte?«

»Nein.«

»Hatten Sie Geschlechtsverkehr mit dem Mann in dieser Wohnung?«

»Nein.«

Bis dahin wussten die Leute im Gerichtssaal nicht, worum es ging, sodass ihnen entgehen musste, was an diesen *Nein* und *Nur ein einziges Mal* so couragiert war. Im Zeugenstand sahen sie eine Frau mit hochgestecktem rotem Haar, die aus einem Gruppenporträt von Manet herausgetreten sein mochte, eine Frau mit dem zeitlosen Ausdruck des wahren Straßenmädchens, ob 1860 oder 1960, ob auf dem Boulevard des Capucines oder in der Bayswater Road.

GRIFFITH-JONES: Es war doch so, nicht wahr?

RICARDO: Nein, die Erklärung ist teilweise nicht wahr.

RICHTER [erstaunt]: Wollen Sie damit sagen, dass die Polizei Ihnen diese Worte in den Mund gelegt hat?

RICARDO: Ja. [Ein Strom unverständlicher Worte,

schließlich:] Ich wollte die Aussage nicht unterschreiben. Ich wollte damit nichts zu tun haben.

GRIFFITH-JONES: Und warum haben Sie unterschrieben?

RICARDO: Ich war todmüde. Ich wollte in Ruhe gelassen werden. Ich hatte Angst.

GRIFFITH-JONES [gedehnt]: Haben Sie sich nicht beschwert?

RICARDO: Bei wem hätte ich mich beschweren sollen?

GRIFFITH-JONES [plötzlich laut]: Mit anderen Worten, Sie haben als Zeugin im Magistrates' Court wissentlich erklärt, dass Sie die Wahrheit sagen, obwohl es nicht die Wahrheit war?

Ricardo nickte und sagte dann: »Ja.«

Der Richter sagte: »Auf Ihren Fall werde ich später zurückkommen. Ich würde Ihnen nachdrücklich empfehlen, Ihre Position bis morgen zu überdenken.« Anschließend vertagte sich das Gericht. Manche fanden, dass der Richter – durchaus freundlich – hätte sagen können: Es geht hier darum, die Wahrheit herauszufinden. Würden Sie uns bitte sagen, was genau passiert ist?

Am nächsten Vormittag ging es weiter. »Bleiben

Sie dabei, dass Ihre erste Aussage falsch war?« Sie sagte: »Ja.«

GRIFFITH-JONES: Sie haben diese Erklärungen abgegeben, weil Sie sich von der Polizei unter Druck gesetzt fühlten? Halten Sie daran fest?
RICARDO: Ja.
GRIFFITH-JONES: Haben Sie jemandem davon erzählt?
RICARDO: Ich habe vielen Leuten davon erzählt. Ich hatte die ganze Sache satt. Ich beschloss, die Wahrheit zu sagen, und fragte einen Reporter, wie ich es am besten mache.
GRIFFITH-JONES [leicht spöttisch]: Ist Ihnen nicht der Gedanke gekommen, dass es angebracht gewesen wäre, sich nicht an eine Zeitung, sondern an Scotland Yard zu wenden?

Ricardos Antwort war schlagfertig: »Mr. Herbert war bei Scotland Yard.«

Die Verteidigung schloss die Sache wie folgt ab:

Mr. Burge: »Hatten Sie den Eindruck, dass die Polizei unbedingt etwas gegen Dr. Ward in der Hand haben wollte?«

»Ja.«

»Und stimmt es, dass Sie nur einmal in seiner Wohnung waren?«

»Ja, das stimmt.«

Später forderte der Richter die Geschworenen auf, Miss Ricardos Aussage nicht zu berücksichtigen. Konnte man sie einfach aus dem Gedächtnis streichen? Sie musste ein unangenehmes Gefühl hinsichtlich der Beweislage in diesem Fall hinterlassen haben. Andererseits konnte das Aufwärmen unappetitlicher, wenn auch diskreditierter, Details nicht sehr hilfreich für die Verteidigung gewesen sein. Da war ja auch die Episode dieses, zugegeben, einzigen Besuchs in Wards Wohnung. Ricardo war mit ihren beiden Freundinnen dort erschienen, und am Ende hatten die vier Sex miteinander gehabt.

RICHTER: Alle in einem Zimmer? Alle vier zusammen?
RICARDO nickt.
RICHTER: Alle vier haben mitgewirkt?
GRIFFITH-JONES: Haben Sie Geld bekommen?
RICARDO: O nein … es war ein geselliges Beisammensein.

Den Vorwurf der Zuhälterei musste das entkräften, doch der Richter war erkennbar schockiert und kam dann noch einmal auf diesen Vorfall zu sprechen. In einem Verfahren, in dem Atmosphärisches eine so große Rolle spielt, ist das nicht unwichtig.

Die Verteidigung versuchte außerdem, im Kreuzverhör die schmierige Geschichte mit dem Einwegspiegel zu widerlegen. In keiner der beiden Wohnungen Wards gab es ein solches Objekt. In Bryanston Mews hatte es einen gegeben, eingebaut von Rachman, den Ward nie gesehen hatte. Mandy hatte den Spiegel schon zertrümmert, bevor Ward die Wohnung übernahm. Diese Fakten waren nicht gerade strittig. Trotzdem wurde dieser Einwegspiegel immer wieder erwähnt, als sollte einfach die allgemeine Atmosphäre von Sittenlosigkeit hervorgehoben werden.

* * *

Wir kommen nun zu Vickie Barretts Aussage. Bei Wards Verhaftung war von Vickie Barrett kein Wort zu hören gewesen. Bei der Vorverhandlung im Magistrates' Court war von Vickie Barrett kein Wort zu hören gewesen. Vickie Barrett tauchte erst nach der Vorverhandlung auf, als die Anklage angeblich abgeschlossen war. Vickie Barrett erschien in den frühen Morgenstunden des 4. Juli; in der Nacht war sie in der Hereford Road in Paddington wegen Belästigung Unbeteiligter festgenommen worden. Sie wurde (routinemäßig) durchsucht, in ihrer Handtasche fand sich ein Kalender mit dem Namen und der Telefonnummer von Stephen Ward. Man beachte: Vickie Barrett wurde nicht auf eine Wache in ihrem Bezirk gebracht, sondern auf die Polizeistation Marylebone. Hier wurde sie von Chief Inspector Herbert vernommen. Dies ist ihre Geschichte, wie sie von der Anklage während des Verfahrens präsentiert wurde.

Vickie Barrett wurde im Januar dieses Jahres spätabends in der Oxford Street von Dr. Ward angesprochen. Er sagte, dass in seiner Wohnung ein Mann warte, der sich mit einem Mädchen vergnügen wolle, und dass der Mann ihm das Geld geben würde. Er erklärte, dass er sie mit den besten Kunden zusammenbringen und dass er das Geld an sich nehmen und für sie aufbewahren werde, damit sie es sparen und sich neue Sachen kaufen könne und eine Luxuswohnung habe und mehr Geld verlangen könne.

Sie trafen in Bryanston Mews ein. Ward gab ihr ein empfängnisverhütendes Mittel und sagte, sie solle in das Schlafzimmer gehen und sich ausziehen. Sie ging in das Zimmer, wo sich bereits ein Mann befand.

Griffith-Jones: Wo war er?
Vickie Barrett: Im Bett.
Griffith-Jones: In irgendeiner Weise bekleidet?
Barrett: Nein.

Sie hatte Geschlechtsverkehr mit dem Mann und ging dann allein in das Wohnzimmer. Ward bot ihr Kaffee an. Als sie um das Geld bat, sagte Ward, er werde es für sie sparen. Er fuhr sie zurück in die Oxford Street, und sie verabredeten einen weiteren Termin.

Beim zweiten Mal gab Ward ihr wieder ein Kontrazeptivum, im Bett lag ein nackter Mann, Ward bot ihr anschließend Kaffee an, sagte, er habe das Geld, und fuhr sie wieder in die Oxford Street. Er gab ihr seine Telefonnummer, und man vereinbarte, dass sie ihn an einem der nächsten Tage nach vierundzwanzig Uhr anrufen solle.

Von nun an kam sie zwei-, dreimal die Woche in seine Wohnung. Immer lag ein nackter und namenloser Mann im Bett. Immer ein anderer Mann, mittleren Alters oder älter. Manchmal lag ein Rohrstock oder eine Peitsche parat. »Der Mann verlangte, dass ich das verwende.« Richter: »Was hatten Sie an?« Unterwäsche und hochhackige Schuhe. »Wessen Schuhe?« Meine eigenen. Zweieinhalb Monate ging das so. »Was passierte bei diesen Gelegenheiten?« Praktisch genau das Gleiche wie zuvor. »War Dr. Ward im Wohnzimmer?« Ja, mit dem Kaffee. Er sagte, er habe das Geld von dem Mann bekommen. »Hat er gesagt, wie viel?« Nein. »Wurde jemals eine Summe genannt?« Nie.

Eine armselige und scheußliche Geschichte. Ich möchte darauf hinweisen, dass sie den meisten Leuten von Anfang an völlig unglaubhaft erschien. Sie klang falsch. Sie roch falsch. Vor allem war es ein lehrbuchmäßiger Beweis für Zuhälterei, wie ihn sich Staatsanwälte oder Polizisten nur erträumen konnten. Wenn sie Vertrauen in diese vernichtende Aussage hatten – welche Rolle spielten dann noch Mandys vierundzwanzig Pfund Mietzuschuss oder Keelers zwanzig Pfund als Teilrückzahlung eines Darlehens? Warum dieses kostspielige und mühsame Unterfangen, die Damen juristisch als Prostituierte hinzustellen?

Es gab keine Beweise. Keinen Taxifahrer, keinen Wachmann, keine Putzfrau. Keine Nachbarn in der schmalen Straße, denen etwas aufgefallen wäre. Dreißig Männer kamen und verschwanden in der Londoner Nacht, lautlos, unbemerkt.

Es stimmte hinten und vorne nicht. Ein Polizist

würde sofort erklären, dass der Mann, der seine Tresore immer aufsprengt, nie zum Meißel greifen wird. Die Menschen sind zu fast allem imstande, gehen aber nach einem bestimmten Muster vor. Die Taten, zu denen Wards lockerer Lebenswandel ihn angeblich führte, waren Welten entfernt von der systematischen kommerziellen Praxis, wie sie in Vickie Barretts Geschichte aufschien. Alle Indizienbeweise in diesem Verfahren machten deutlich, dass Dr. Ward ein Mensch war, der sich nicht für Geld interessierte, der nicht in Geldkategorien dachte und der eine Menge Geld verdiente, um seinen Bedürfnissen nachgehen zu können.

Er war offenkundig ein Mann, der bei Partys gern mit bildhübschen Mädchen am Arm auftauchte. Vickie Barrett ist nicht bildhübsch. Sie ist eigentlich überhaupt nicht hübsch. Sie ist nicht vorzeigbar. Blass und mager und mit ihren dünnen Beinen sah sie aus wie ein billiges rachitisches Straßenmädchen. Man fragt sich, wie sie wohl auf die »besten Kunden« gewirkt haben mochte, mit denen Dr. Ward sie angeblich bekannt machen wollte. Man fragt sich, wie man nicht nur einen Mann, sondern dreißig Männer auftreibt, die Gefallen daran fanden, zu mitternächtlicher Stunde – im winterlichen London – nackt in einer fremden Wohnung zu liegen und auf das zu warten, was von der Oxford Street herbeigeschafft würde.

Da ist das Timing. Edgecombes Schüsse fielen am 14. Dezember. Im Januar braute sich bereits die Profumo-Affäre zusammen. Vor Wards Tür lungerten ständig Reporter herum, die Polizei ermittelte gegen ihn, sein Telefon wurde wahrscheinlich abgehört; bis zu seiner Verhaftung saß er auf dem Präsentierteller. Vickie Barretts Besuche, die in einem Zeitraum von zweieinhalb Monaten stattfanden, sollen Anfang Januar begonnen haben, kurz nachdem sie, aus Birmingham kommend, in London eingetroffen und bei einer Freundin untergekommen war. Diese Freundin sagte aus, sie sei am 28. Januar aus dem Holloway-Gefängnis entlassen worden und glaube sich erinnern zu können, dass Vickie erst Wochen später in London aufgetaucht sei. Welcher Tag auch immer, es war ein plausibler Zeitpunkt für Dr. Ward, ernsthaft mit seiner Karriere als Zuhälter zu beginnen. Und als Betrüger. Vickie Barrett berichtete nämlich (ohne das leiseste Anzeichen von Empörung), dass sie komplett um ihren Lohn betrogen worden sei. Nie protestierte sie, nie stellte sie Ward zur Rede, nie sprach sie mit irgendjemandem darüber. Die Freundin, bei der sie wohnte und mit der sie anschaffen ging, erklärte, sie habe nicht eine Silbe von der ganzen Angelegenheit gehört.

Eine unmögliche Story! Aber was heißt das? Ist es denkbar, dass die Sache konstruiert wurde – wann? und wie? von wem? Wer machte Druck, wenn Druck ausgeübt wurde, wer profitierte von den Lügen? Gab es wirklich Leute, die dachten oder sagten, Dr. Ward ist ein Ärgernis für uns oder Schlimmeres, erteilen wir ihm und der britischen Öffentlichkeit eine Lektion über den Lohn der Sünde?

Die Frau machte ihre Aussage mit dünner, lebloser Stimme, was aber positiv auf den Richter wirkte, denn in seinem Resümee erklärte er: »Sie haben sie im Zeugenstand gesehen, diese kleine Prostituierte aus Birmingham. Es ist wohl nicht falsch, wenn ich sage, dass sie die Fragen ruhig und ohne Umschweife beantwortete und nie versuchte, ihnen auszuweichen …« Vickie Barrett betrieb gewiss keine Haarspalterei und steuerte auch nichts bei, was über das Allernötigste hinausgegangen wäre. Eine redegewandtere oder analytisch denkende Person hätte Mühe gehabt, bei der Story zu bleiben. Für Vickie Barrett war sie, falls konstruiert, wahr und überdies sehr geschickt konstruiert. Die große Lüge (erinnern wir uns an Dr. Goebbels?), schlicht und einfach. Tageszeit? Nach vierundzwanzig Uhr, eine schwierige Zeit für Alibis. Dr. Wards Bridgegesellschaften endeten bekanntlich gegen Mitternacht. Verlauf der Ereignisse? Eine simple, immer gleiche Abfolge. Geschlechtsverkehr? Nach Details würde man vermutlich nicht fragen. Peitschen? In ihrem Gewerbe sollte Vickie Barrett sich damit auskennen. Sie wurde nach dem Tarif gefragt und was sie anhatte. Ein Pfund pro Hieb, erklärte sie (wer zählt mit?), der Rohrstock lag auf dem Bett, die Schuhe waren ihre eigenen. Identität der Männer? Wenn nachts alle Katzen grau sind, dann sind dreißig Männer, nackt im Bett, quasi namenlos: Es gibt nichts zu erinnern, nichts zu beschreiben – keine Kleidungsstücke, keine Gegenstände, Gespräche, Statussymbole. Kein Wunder, dass Vickie Barrett sich nie in Widersprüche verwickelte, kein Wunder, dass sie, zu Wards Verdruss, im Kreuzverhör nicht erschüttert wurde – nur ein leeres kleines Gesicht, das leere Antworten auf einige sehr zentrale Fragen gab.

Vickie Barrett steuerte zwei Details bei – sie nannte den Namen Vasco Lazzolo (auf Mr. Lazzolo werde ich später zurückkommen), und sie konnte sagen, ob es Elektro- oder Gasheizung in der Wohnung gab. Immerhin war sie tatsächlich in der Wohnung gewesen, das stimmte ja. Dr. Ward hatte sie

Tafeln

1

Großbritanniens neuer Verteidigungsminister John Profumo vor einer Afrika-Landkarte im Londoner Verteidigungsministerium, aufgenommen anlässlich seines Amtsantritts am 29. Juli 1960.

2

Im Uhrzeigersinn: Stephen Ward, Christine Keeler, Penny Marshall und Mandy Rice-Davies am Pool von Cliveden, wo die Affäre ihren Ausgang nimmt. Laut Keeler hat Profumo persönlich das Photo gemacht.

3

Der Society-Osteopath Dr. Stephen Ward in einer Kunstgalerie, 1. Januar 1963.
© Hulton Archive / Getty Images

4

Stephen Ward, um 1960.

5

1. Juli 1963: Marilyn (Mandy) Rice-Davies, Zeugin im Ward-Prozess, mit einem Stofflöwen bei der Ankunft am Londoner Flughafen. Von ihr wird der Satz kolportiert: „Ich werde als zweite Lady Hamilton in die Geschichte eingehen."

© Hulton Archive / Getty Images

6

Christine Keeler, britisches Showgirl und Photomodell.

7

Christine Keeler vor dem Old Bailey.

8

Callgirl und Photomodell Mandy Rice-Davies verlässt nach ihrer Aussage das Gericht, 22. Juli 1963.
Foto: Ted West, © Hulton Archive / Getty Images

9
John Profumo mit seiner Frau Valerie Hobson bei der Rückkehr in ihre Londoner Wohnung in Chester Terrace, Regents Park, 18. Juni 1963.

10

Christine Keeler und Mandy Rice-Davies im Taxi
nach dem ersten Verhandlungstag, 22. Juli 1963.

11

Vickie Barrett, die umstrittene Zeugin im Ward-Prozess.

12

Ronna Ricardo, die ihre belastende Aussage gegen Ward im Kreuzverhör widerruft.

13
Dr. Stephen Ward nach einer Vernehmung, 29. Juni 1963.
Foto: Fred Mott, © Getty Images

14

Stephen Ward trifft zu seinem Prozess
im Old Bailey ein, 24. Juli 1963.

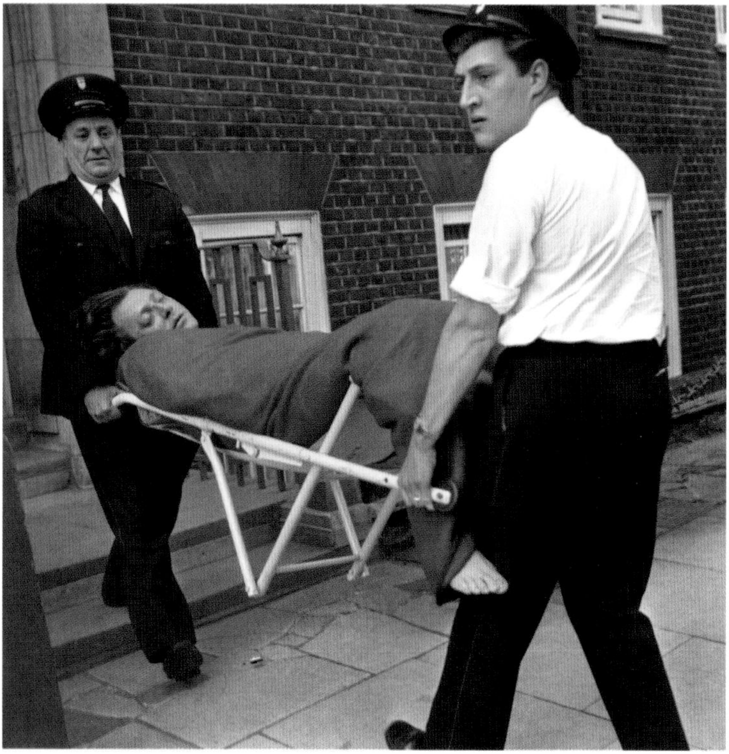

15

31. Juli 1963: Stephen Ward wird nach Einnahme einer Überdosis Schlaftabletten bewusstlos ins Krankenhaus gebracht. Aus dem Koma sollte er nicht mehr erwachen.
Foto: Aubrey Hart, © Hulton Archive / Getty Images

aufgelesen, war mit ihr nach Hause gefahren, hatte mit ihr geschlafen und ihr Geld gegeben, nicht die fünf Pfund, die sie als ihren üblichen Tarif bezeichnete, sondern zwei Pfund.

Der Richter fasste zusammen: »Wenn dies, wie von der Verteidigung behauptet, ein komplettes Lügengespinst ist, dann dürfte es der ungeheuerlichste Fall von Falschaussage sein, den es je gegeben hat … Sie müssen das bedenken. Es kann hier keine halben Sachen geben.« Die Geschworenen verwarfen die Aussage. In diesem Punkt der Anklage wurde Ward nicht schuldig gesprochen. Inzwischen hat Vickie Barrett gestanden, die Unwahrheit gesagt zu haben, und anschließend ihr Geständnis widerrufen …

* * *

Leser, die seinerzeit die Presseberichte verfolgt haben, werden Miss R. und Miss X. vermissen. Im Interesse einer möglichst konzisen Darstellung habe ich zwei Anklagepunkte weggelassen, nämlich den Vorwurf der Anstiftung beziehungsweise versuchten Anstiftung einer Minderjährigen zu unerlaubtem Geschlechtsverkehr mit einer dritten Person. Kern dieser Vorwürfe war, dass Dr. Ward das eine Mädchen in einem Restaurant und das andere durch

Miss Keeler kennenlernte. In beiden Fällen kam es, nach Werbung beziehungsweise Widerstand, zu einer kurzen Affäre. Beide Mädchen erklärten, sie hätten Ward sympathisch gefunden, und es habe keinerlei Druck gegeben. Eine dritte Person existierte nicht. Die Geschworenen erkannten auf »nicht schuldig«, vermutlich ohne Probleme. Nach den grandiosen Anstrengungen, Ward in der Öffentlichkeit als Erzzuhälter zu präsentieren, war das also das Ergebnis. Unbegreiflich, dass so etwas möglich war, außer dass es die üble Atmosphäre nur noch weiter vergiftete.

* * *

Am vierten Tag übernahm die Verteidigung das Feld. Dr. Ward wurde in den Zeugenstand gerufen. Nach all den kümmerlichen Figuren und Darstellern war sein Erscheinen fast ein Schock, wie ein unerwarteter frischer Luftzug. Nach all den schüchternen, verträumten oder koketten Mädchen stand nun ein Mann vor uns, der laut und deutlich sprach, der sich Gehör verschaffte, der bemüht war, Einzelheiten beizusteuern, ein Bild zu zeichnen, darzulegen, wie es gewesen war. Er wirkte zuversichtlich, wenngleich angespannt. Manchmal sprach er schnell, ließ sich fortreißen, man spürte seinen leidenschaftlichen Wunsch, sich von abscheulichen Anschuldigungen zu befreien, und das klare Bewusstsein, dass es jetzt auf ihn ankam, einzig auf ihn.

Bald zeigte sich, dass er zwei Eigenschaften besaß, die bislang nicht mit ihm in Verbindung gebracht worden waren – Intelligenz und Würde. Keine steife Würde, sondern die menschliche Würde dessen, der den Mut hat, sich so zu zeigen, wie er ist, und daran hielt er selbst in den schwierigsten Momenten unbeirrbar fest.

Mr. Burge ging die persönlichen Verhältnisse durch. Fünfzig Jahre alt. (Sohn eines anglikanischen Canon. Unbedeutende Privatschule. Wanderjahre in Deutschland und Paris.) Osteopath mit Examen in Missouri. Prominente, überaus prominente Patienten. Nebenher Künstler. Kriegsteilnehmer. Finanzielle Situation: jährliche Einkünfte von mehr als viertausend Pfund aus einer florierenden medizinischen Praxis, tausend bis tausendfünfhundert Pfund aus seinen Gemälden und Zeichnungen. (Ward hatte für den *Daily Telegraph* vom Eichmann-Prozess berichtet, über einen Redakteur hatte er übrigens Iwanow kennengelernt.) Der Richter fasste zusammen: »Ward hatte jährliche Einkünfte von schätzungsweise fünfeinhalbtausend Pfund.* Wohlgemerkt brutto. Davon gingen ab einundzwanzig Pfund wöchentlich für seine Wohnung, neun Pfund für seine Praxis und drei Pfund für seine Sekretärin. Außerdem regelmäßige Ratenzahlungen und die Kosten für seine Autos. Netto war es erheblich weniger.« Erheblich? Durch Mietzahlungen und Gehalt blieben von den fünfeinhalbtausend Pfund noch etwa tausendachthundert. Dr. Ward hatte keine Familie, kaufte selten Kleidung, trank hauptsächlich Kaffee.

MR. BURGE: Was für einen Wagen fahren Sie?

DR. WARD: Einen gebrauchten 1959er Jaguar.

BURGE: Es war die Rede von einem Scheck von Lord Astor. Wir müssen das ansprechen. Was hat es damit auf sich?

WARD: Ich hatte gesehen, dass die beiden Mädchen blank waren. Sie überlegten tatsächlich, bei Nacht und Nebel auszuziehen. Eines Tages habe ich das im Gespräch mit Lord Astor erwähnt – wir haben über viele Dinge gesprochen – und gesagt, ich würde die Miete für sie bezahlen. Er sagte, ich gebe Ihnen einen Scheck, Sie können

* Wechselkurs 1960: 1 £ = DM 11,71; durchschnittliches Jahreseinkommen: £ 375 (*Financial Times*, 31.12.1959).

es mir irgendwann zurückgeben. Das habe ich getan. Es war ein privater Kredit, ich habe den Scheck direkt dem Hausbesitzer übergeben.

BURGE: Wie lange kannten Sie Lord Astor schon?

WARD: Etwa zwölf Jahre.

BURGE: War er ein Freund von Ihnen?

WARD: Ein sehr guter Freund.

BURGE: Sie sind eng befreundet?

WARD: Ja.

BURGE: Und er ist reich, und Sie nicht.

WARD: So ist es. [Dies wurde in sehr noblem Ton festgestellt.]

BURGE: Hat er Ihnen finanziell unter die Arme gegriffen?

WARD: Von Zeit zu Zeit. Ich habe ihm Geldbeträge zurückbezahlt.

BURGE: Hatte diese Hilfe mit den beiden Mädchen zu tun?

WARD: Nicht das Geringste.

BURGE: Hatte es schon angefangen, bevor Sie die Mädchen kennenlernten?

WARD: Lange vorher.

Christine Keeler? »Sie lebte allein [im Juni 1961]. Sie fragte mich, was sie tun solle. Ich schlug ihr vor, bei mir einzuziehen … Sie war bereit, sich einen anständigen Job zu suchen. So fing es an … Geld? Als sie einzog, hatte sie einen kleinen Betrag. Sie erhielt Geld von mir und ihrer Freundin Marilyn. Sie benötigte ja nicht viel. Sie bezahlte keine Miete. Sie hatte ihre Kleider, und alles andere wurde ihr zur Verfügung gestellt. Sie hat oft in der Wohnung gegessen … Ich muss sagen, dass sie nicht das Geringste von Haushaltsdingen verstand. In dieser Zeit habe ich ihr siebzig oder achtzig Pfund gegeben. Sie hat es mir teilweise zurückbezahlt …«

BURGE: Wussten Sie, dass sie seinerzeit Geschlechtsverkehr mit anderen Männern in der Wohnung hatte?

WARD: Ich wusste es nicht direkt. Ich hatte nicht die leiseste Ahnung, dass sie es für Geld machte. Ich hätte sie mit Sicherheit nicht weiter bei mir wohnen lassen, wenn ich es gewusst hätte.

Mr. Eynan? »Ich habe ihn eindeutig nicht mit ihr bekannt gemacht. Wir sind uns nur einmal begegnet, für etwa fünf Minuten [Das wurde von Mr. Eynan bestätigt.] Ich kam mit Mr. Profumo in die Wohnung, wir sind nach oben gegangen, und im Wohnzimmer saß Mr. Eynan. Wir machten uns bekannt. Anschließend ging Keeler mit einem der beiden essen. Ich hatte nicht die leiseste Idee, dass sie von diesem Mann Geld bekam.«

Iwanow? »Wir haben nur Miss Keelers Wort. Sie sagte, sie würde gern mit ihm schlafen wollen. Ich selbst habe immer geglaubt, dass sie das nie getan hat. Wie viele andere auch, wenn sie eine Geschichte oft genug erzählt, glaubt sie sie irgendwann selbst.

Profumo? »Ich habe ihn über Lord Astor kennengelernt. Wie er Miss Keeler begegnet ist? Sie kam an einem Samstag zufällig nach Clivenden. Abends gingen wir an den Pool. Die Astors kamen nach dem Essen hinzu. Keine förmlichen Begrüßungen. Am nächsten Tag wurden wir an den Pool eingeladen. Die Beziehung muss da angefangen haben.«

BURGE: War diese Beziehung von finanziellem Vorteil für Sie?

WARD [mit klarer, fester Stimme]: Nein, ganz und gar nicht. Es hat mich in große Verlegenheit gebracht.

BURGE: Haben Sie von Mr. Profumo Geld bekommen?

WARD: Nie.

BURGE: Irgendwelche Gefälligkeiten des Ministers?

WARD: Ich habe Mr. Profumo nur einmal in meinem Leben um etwas gebeten, und zwar um Hilfe für einen Patienten, der in der Armee war, im Zusammenhang mit einem kleinen medizinischen Problem.

BURGE: Hat *sie* Geld von Mr. Profumo angenommen?

WARD: Ich habe erst kürzlich davon gehört, ich war entsetzt.

BURGE: Haben Sie in der Zeit, als Sie angeblich von Miss Keelers Einkünften lebten, einen Zweig der Exekutive informiert?

WARD: Ja. Im August 1961 habe ich den Secret Service informiert. Mr. Wood im Kriegsministerium, Zimmer 393.

BURGE: Haben Sie damit gerechnet, dass man Sie daraufhin beobachten würde?

WARD: Ja.

BURGE: Hätten Sie unter diesen Bedingungen unter dieser Adresse und von den Einkünften aus Prostitution gelebt?

WARD [sehr fest]: Für mich kam das nie infrage.

Rachman? »Ich bin Peter Rachman durch Zufall begegnet. Vor dreieinhalb Jahren habe ich mich nach einem kleinen Haus umgesehen. Ich habe mit Keeler ein Haus besichtigt, und Rachman war dort zufällig anwesend.«

Ward hat Rachman nie besucht oder ihn in sein Cottage eingeladen. »Er hatte etwas Destruktives an sich … Er war einer dieser Menschen, die in einer Beziehung immer auf ihren Vorteil bedacht sind.«

Mandy Rice-Davies? »Sie war völlig fertig, als Rachman starb. Sie tat mir furchtbar leid. Sie weinte die ganze Zeit, und ich sagte, ich würde mich um sie kümmern, bis sie wieder auf eigenen Beinen steht.«

BURGE: Haben Sie mit ihr geschlafen?

WARD: Nicht, solange sie bei mir wohnte.

BURGE: Hat Sie Ihnen eine Monatsmiete, vierundzwanzig Pfund, im Voraus entrichtet?

WARD: Ja.

BURGE: War das realistisch?

WARD: Nun, es war natürlich beträchtlich mehr. Sie war sehr verschwenderisch mit Strom und Heizung. Allein die Telefonrechnung belief sich auf vierundfünfzig Pfund.

BURGE: Haben Sie weitere Zahlungen von ihr bekommen?

WARD: Einen kleineren Betrag für Telefon, sonst nichts.

Burge: Keine weiteren Mietzahlungen?

Ward: Nein.

Burge: Miss Davies' finanzielle Leistungen beliefen sich also auf insgesamt vierundzwanzig Pfund Miete plus fünf, sechs Pfund für Telefon für zwei Monate in der Wohnung, einschließlich häufiger Besuche von ihrem Vater und ihrer Mutter?

Ward: Ja.

Lord Astor? »Ich habe Miss Davies bei Lord und Lady Astor eingeführt. Aber nicht im Sinne von Anbieten, das wäre undenkbar gewesen. [Ebenso fest.] Dass Lord Astor in meiner Wohnung mit ihr schläft, wäre völlig undenkbar gewesen.«

Der indische Doktor? »Ich wusste weder, dass er sie besuchte, noch, dass sie Geld von ihm bekam.«

Vickie Barrett? Niemand, der Ward gehört hat, wird seine Antwort vergessen. »Ihre Aussage war ein einziges Netz von abscheulichen Lügen.« Es klang nach der Wahrheit.

Burge [sachlich]: Haben Sie Vickie Barrett im Februar und März und April dieses Jahres abgeholt, um sie nackten Männern in Ihrer Wohnung zu präsentieren, ihr Kontrazeptiva zur Verfügung gestellt und sie in das Schlafzimmer geführt, wo Kunden warteten?

Ward: Nein, Sir!

Burge: Es ist aber so, dass Sie Vickie Barrett bei verschiedenen Gelegenheiten aufgelesen haben?

Ward: Ja. Einmal hatte ich spätabends keine Zigaretten mehr, ich fuhr in die Tottenham Court Road, wo man welche bekommt, und auf dem Rückweg wurde ich auf sie aufmerksam. Sie fragte, ob ich sie ein Stück mitnehmen könne, sie stieg ein und erklärte praktisch im selben Moment, dass sie eine Prostituierte sei. Ich bin mit ihr in die Wohnung gefahren, ich habe sie gezeichnet, ich hatte Geschlechtsverkehr mit ihr, ich gab ihr zwei Pfund und fuhr sie wieder zurück.

Burge: Sie haben ihr Ihre Telefonnummer gegeben?

Ward: Ja. Ich habe sie noch einmal gesehen, und da passierte genau das Gleiche: Ich zeichnete sie, hatte Geschlechtsverkehr mit ihr und gab ihr Geld.

Burge: Haben Sie ihre Freundin Brenda O'Neil auf dieselbe Weise angesprochen?

Ward: Ja.

Burge: Wie finden Sie das, Frauen auf diese Weise

abzuschleppen? Es ist ja nicht anstößig, aber wie sehen Sie das?

In diesem Moment fragte man sich, ob Dr. Ward der einzige Mann im Gerichtssaal war, der einzige unter all diesen Männern, der je mit Prostituierten geschlafen hat. Prostitution ist bekanntermaßen ein florierendes Geschäft, nicht zuletzt in England. Dr. Wards Antwort hätte aus einem Roman von Ivy Compton-Burnett stammen können: »Es hat öffentliches Aufsehen erregt, es ist nicht an mir, das zu kommentieren.«

* * *

Am nächsten Tag hatte sich der Angeklagte der Attacke des Staatsanwalts zu erwehren. Zweieinhalb Stunden am Vormittag und noch einmal drei Stunden am Nachmittag stand (kein Stuhl) Dr. Ward im Zeugenstand. Bei einem Kreuzverhör kommt es darauf an, klaren Kopf zu bewahren und ruhig zu bleiben. Mr. Griffith-Jones begann mit lauter, schleppender Stimme. »*Doktor* Ward, so genannt … Diese Geschichte beginnt also mit einem Mann von achtundvierzig oder neunundvierzig, der hinter zwei sechzehnjährigen Mädchen her ist?«

WARD: Ganz recht, Sir.

GRIFFITH-JONES: Damit wir uns ein Bild machen können: Wir haben zwei ausgemachte junge Hürchen, für die Sie die Miete übernehmen und die Sie mit älteren Männern bekannt machen, mit denen sie dann in einigen Fällen ins Bett gegangen sind?

WARD: Dieses Bild trifft nicht zu.

GRIFFITH-JONES: Ist Ihnen nie der Gedanke gekommen, dass Sie Keelers Eltern etwas sagen könnten?

WARD: Ich habe mit den Eltern gesprochen.

GRIFFITH-JONES: Haben Sie ihnen gesagt, dass ihre Tochter ein ausgemachtes kleines Hürchen ist?

WARD: Nein. Ich habe mich nicht als Vaterfigur gesehen.

GRIFFITH-JONES: Vergessen Sie die Vaterfigur. Sie haben Profumo mit Keeler bekannt gemacht?

WARD: Nein.

GRIFFITH-JONES: Wie hat sie Profumo kennengelernt?

WARD: Rein zufällig.

GRIFFITH-JONES: Nämlich?

WARD: Am Swimmingpool in Clivenden.

GRIFFITH-JONES: Ich vermute, Keeler nackt und Sie nackt?

WARD: Nein. Ich trug eine Badehose.

GRIFFITH-JONES: Sie wussten, dass Keeler in der Zeit, als sie bei Ihnen in Wimpole Mews wohnte, Geschlechtsverkehr mit einer Reihe von Männern hatte?

WARD: Einem oder zwei, meines Wissens.

GRIFFITH-JONES: Zählen wir zusammen. Mit Mr. Profumo, wussten Sie davon?

WARD: Nein, das war mir nicht bekannt.

GRIFFITH-JONES: Was dachten Sie denn, weshalb Mr. Profumo dieses Mädchen besuchen kam?

WARD: Ich hatte eine ganz gute Vorstellung.

GRIFFITH-JONES: Hatte sie Geschlechtsverkehr mit Iwanow …? Mit Eynan …? Mit Charles …? Lambton …? Rachman …? Einem jungen Perser …? Haben Ihre Freunde etwas erzählt, wenn sie Geschlechtsverkehr mit einem Mädchen hatten, das Sie ihnen vorgestellt haben?

WARD: Nicht immer.

GRIFFITH-JONES: Lucky Gordon war Westinder?

WARD: Ja.

GRIFFITH-JONES: Wussten Sie, dass sie Geschlechtsverkehr mit ihm hatte?

WARD: Nicht in meiner Wohnung.

GRIFFITH-JONES: Edgecombe war ebenfalls Westinder, wussten Sie von ihm?

Ward: Erst viel später, als sie nicht mehr bei mir wohnte. Und deswegen durfte sie auch nicht mehr in meine Wohnung.

Richter: Was meinen Sie damit? Wollen Sie damit sagen, dass Sie sie nicht mehr in die Wohnung ließen, weil sie Affären mit Farbigen hatte?

Ward: Nein, Mylord. Nicht weil es Farbige waren, sondern weil sie unangenehm waren.

Griffith-Jones: Sie war aber in Ihrer Wohnung, als Edgecombe versuchte, sie zu erschießen?

Ward: An dem Vormittag war sie in meiner Abwesenheit und ohne meine Erlaubnis in die Wohnung gekommen.

Griffith-Jones: Haben Sie jemals fünfundzwanzig Pfund in Scheinen von dem indischen Doktor erhalten?

Ward: Nein. Ganz ausgeschlossen.

Richter: Haben Sie von dem indischen Doktor Geld bekommen?

Ward: Nein, Mylord. Ein Mr. McHugh hat mir den Doktor, einen gewissen Dr. Savundrah, als möglichen Mieter genannt. Er rief an. In der Zeit, als er und Miss Davies allein in dem Café waren, hat sie vielleicht ein Treffen mit ihm vereinbart, und nun versucht sie, mir die Geschichte in die Schuhe zu schieben.

RICHTER: Was glauben Sie, warum hatten die Mädchen Geschlechtsverkehr mit Männern?

WARD: Weil es ihnen Spaß machte, würde ich sagen.

RICHTER: Die Mädchen gingen keiner geregelten Arbeit nach und lebten in der Wohnung, was dachten Sie denn, was sie machen?

WARD: Rice-Davies kam aus einer Beziehung mit Rachman, die als Ehe geplant war, sie war keineswegs knapp bei Kasse und war gut gekleidet. Ich sorgte für Verpflegung und Unterkunft, sie hatte kaum eigene Ausgaben. Sie war ein hübsches Mädchen und wurde ausgeführt. Ich habe nicht von ihr gelebt. Wenn überhaupt, dann hat sie von mir gelebt.

GRIFFITH-JONES: Stimmt es, dass Sie Vickie Barrett in der Oxford Street aufgegabelt haben?

WARD: Ja.

GRIFFITH-JONES: Sind Sie unersättlich, Dr. Ward?

WARD: Ich glaube nicht, dass ich mehr sexuelle Kontakte habe als andere in meinem Alter, aber vielleicht geht es abwechslungsreicher zu.

GRIFFITH-JONES: Vickie Barrett sagt, dass schon ein Mann im Bett lag.

In diesem Moment schlug Dr. Ward mit der Faust auf die Brüstung des Zeugenstands und rief mit lauter Stimme: »Sie lügt, Sir! Wenn sie die Wahrheit sagt, dann bin ich schuldig. Wenn *sie* nicht lügt, dann jemand anderes! Und wir müssen herausfinden, warum sie lügt.«

Der Richter schaltete sich ein: »Ihnen ist klar, dass von Vickie Barrett nie ein Wort zu hören gewesen wäre, wenn sie nicht zufällig verhaftet worden wäre?«

WARD [stöhnt]: Ich weiß, Mylord, ich weiß.

GRIFFITH-JONES [wie zuvor]: Und der Rohrstock und die Peitsche?

WARD: Darf ich an Ihre Vernunft appellieren? Selbst bei meinem etwas anstößigen Lebenswandel, halten Sie das für wahrscheinlich oder möglich?

GRIFFITH-JONES: Bitte beantworten Sie meine Frage!

RICHTER: Ich kann Ihre Anspannung und Besorgnis verstehen, aber Sie tun sich keinen Gefallen, wenn Sie die Frage nicht direkt beantworten.

GRIFFITH-JONES: Haben Sie gegenüber der Polizei gesagt: »Ich bin ein Trottel in Gelddingen, ich bin immer knapp bei Kasse«?

WARD: Nein.

GRIFFITH-JONES: Hat sich das die Polizei böswilligerweise ausgedacht?

WARD: Ich habe nur gesagt, dass ich in finanziellen

Dingen unverantwortlich bin und entsprechend meinem Einkommen lebe.

GRIFFITH-JONES: Haben Sie die Polizei gebeten, Ihnen Fragen zu stellen, weil Sie selbst über das Thema sprechen wollten?

WARD: Nein.

GRIFFITH-JONES: Wenn Sie die Wahrheit sagen, lügen also vier Polizisten.

WARD: Ich weiß. Diese Vernehmung [wie sie von der Polizei protokolliert wurde] ist eine weitgehend verzerrte Darstellung der tatsächlichen Ereignisse.

GRIFFITH-JONES: Fassen wir zusammen. Wenn Sie die Wahrheit sagen, dann heißt das, dass Keeler nicht die Wahrheit sagt.

WARD: Keeler sagt nicht die Wahrheit.

GRIFFITH-JONES: Obwohl Sie ihr von Anfang an geholfen und die Miete für sie bezahlt haben und sie bei Ihnen gewohnt hat? Obwohl Sie versucht haben, sie vom Marihuana abzubringen und sie aus den Händen dieses furchtbaren Rachman zu befreien, und überhaupt alles Menschenmögliche für sie getan haben, kommt sie nun daher und erzählt Lügen über Sie?

WARD: Dieses Mädchen kann auf seine Weise sehr destruktiv sein.

GRIFFITH-JONES [mit hochgezogener Augenbraue, leichthin]: Davies lügt?

WARD: Davies lügt.

GRIFFITH-JONES: Wenn Sie die Wahrheit sagen, lügt Ricardo?

WARD: Ja.

GRIFFITH-JONES: Wenn Sie die Wahrheit sagen, lügt Vickie Barrett?

WARD: Ja … das ist der Tiefpunkt. Wenn man hundertfünfzig, -sechzig Personen vernimmt, findet man sicher mindestens ein halbes Dutzend Leute, die ein Motiv haben, Boshaftigkeit, Neid, gegen jemanden auszusagen, zumal gegen jemanden, der ein so unordentliches Leben führt wie ich.

GRIFFITH-JONES: Sie sind Opfer nicht nur dieser meineidigen Zeugen, sondern auch einer Verschwörung von vier Polizeibeamten, die Ihre Aussage verfälscht haben?

WARD: Wollen Sie, dass ich eine Anschuldigung erhebe?

RICHTER: Beantworten Sie die Fragen, stellen Sie sie nicht!

* * *

Nachdem Ward aus dem Kreuzverhör entlassen war, präsentierte die Verteidigung ein nervöses hübsches Mädchen, das darum bat, seine Adresse nicht angeben zu müssen. Ihr Name war Sylvia Parker. Sie erklärte, im März in Bryanston Mews gewohnt zu haben, fünf oder sechs Wochen.

MR. BURGE: In diesem Verfahren hat das Wort »wohnen« alle möglichen Bedeutungen. Hatten Sie ein Verhältnis mit Dr. Ward?

MISS PARKER: Nein. Mir war angeboten worden, dort als Gast zu wohnen. [Sie hatte eine schwierige private Situation hinter sich, Dr. Ward hatte sie kennengelernt und ihr seine Wohnung angeboten. Sie schlief im Wohnzimmer auf einer Couch.]

BURGE: Es ist eine kleine Wohnung.

PARKER: Ja.

BURGE: Wenn ein Mann im Schlafzimmer gewartet hätte und eine Frau gekommen wäre, um ---

Ungeduldig fiel ihm Miss Parker ins Wort: »Ich möchte nur etwas sagen. Ich wollte nicht in diesen Fall hineingezogen werden, es wurden Sachen geschrieben, die absolut unwahr sind.«

Richter [kühl]: Bitte antworten Sie nur auf die Frage.

Miss Parker: Ja, ich hätte es gesehen. Und in dem Fall wäre ich ganz bestimmt nicht länger in der Wohnung geblieben.

Burge: Sie sagten, Sie wollten nicht als Zeugin gehört werden.

Miss Parker: Ja. Aber da war die Aussage von Vickie Barrett, die erklärt hat, dass in Bryanston Mews bestimmte Dinge passiert sind. Ich habe dort gewohnt – ich habe Miss Barrett nie dort gesehen –– und ich denke, was sie gesagt hat, ist komplett erlogen. Es ist kompletter Schwachsinn.

Richter [äußerst distanziert]: Wollen Sie damit sagen, dass ihre Aussage nicht der Wahrheit entspricht?

Miss Parker: Was mich angeht, ja.

Richter: Haben Sie irgendwann einmal gesehen, wie Dr. Ward Vickie Barrett hereinbrachte –––

Miss Parker: Nein.

Richter: Unterbrechen Sie mich nicht.

Miss Parker: Entschuldigung, ich dachte, Sie seien fertig.

Richter: Lassen Sie Ihre Mätzchen, wenn Sie Ihre Aussage machen. Sie müssen dem Gericht einen gewissen Respekt entgegenbringen, haben Sie mich verstanden? Hören Sie einfach zu, wenn ich eine Frage stelle. Haben Sie jemals gesehen, dass Vickie Barrett nach null Uhr dreißig in das Schlafzimmer geführt wurde, wo es zu Geschlechtsverkehr kam?

MISS PARKER: Nein.

RICHTER: Hätten Sie es gesehen, wenn es so gewesen wäre?

MISS PARKER: Ich denke schon.

Die restlichen Zeugen der Verteidigung waren nicht sehr beeindruckend. Mr. Vasco Lazzolo etwa, der Künstler. Sein Name war der einzige, den Vickie Barrett in ihrer Geschichte hatte angeben können – er sei einer der dreißig Kunden gewesen. Ward hatte darauf erwidert: »Als ich sie portraitierte, sagte sie, sie sei schon einmal portraitiert worden, und nannte den Namen, worauf ich sagte, dass das ein alter Freund von mir ist. Daher hatte sie den Namen.«

Mr. Lazzolo sagte unter Eid aus, dass er nur einmal in Bryanston Mews gewesen sei, um neun Uhr dreißig, und dass die Darstellung, er habe im Bett auf ein Mädchen gewartet, absolut unwahr sei. Daraufhin wurde Vickie Barrett in den Gerichtssaal gerufen. Mr. Lazzolo erkannte sie wieder. Ja, sagte er, sie sei tatsächlich einmal in seinem Atelier gewesen, er habe sie dort gezeichnet. Auf die Frage, ob es zu Geschlechtsverkehr gekommen sei, sagte er: Definitiv nein. Er habe sie auf der Straße bemerkt, wie sie ein paar Gemälde in seinem offenen Wagen betrachtete; er sei mit ihr in sein Atelier gefahren, sie habe ihm Modell gesessen, mehr nicht. Etwas getrübt wurde diese Aussage durch eine gewisse Frances Brown, die dem Gericht eine halbe Stunde später erklärte, sie sei mit ihrer Freundin Vickie Barrett anschaffen gegangen, und eines Abends seien sie Mr. Lazzolo begegnet und mit ihm in sein Atelier gefahren. »Er gab uns ein paar Drinks, und Vickie und er waren dann miteinander zugange.«

»Waren Sie in dem Zimmer anwesend?«

»Na, ich hab mich halt nützlich gemacht«, sagte sie.

Der Rest war eine Handvoll Freunde, ein Werbemanager, ein Journalist, die erklärten, sie seien im Winter und Frühjahr ständig in Wards Wohnung gewesen, oft nachts, und von Vickie Barrett habe man nie etwas gesehen. Reporter hätten auf der Straße gestanden, Ward habe sich manchmal zu seiner Haustür durchkämpfen müssen, ein-, zweimal habe er sogar die Polizei rufen müssen. Man habe Sylvia Parker gesehen. Manche Männer brachten regelmäßig ihre Ehefrauen mit. Aber auch hier gab es einen Pferdefuß.

RICHTER: Verstehe ich Sie richtig, dass Sie nie den leisesten Verdacht hatten, dass dort irgendwelche sittenwidrigen Dinge geschahen?

ZEUGE: Ich wusste sehr wohl, dass Dr. Ward diverse Freundinnen hatte und dass er kein moralischer Mensch war. Ich fand ihn sehr liebenswürdig und amüsant. Ich hatte nie den Verdacht, dass er irgendwelche Dinge tat, wie sie ihm hier vorgeworfen werden.

RICHTER: Das beantwortet meine Frage nicht ganz. Sind dort viele junge Mädchen aufgetaucht?

ZEUGE: Einige.

RICHTER: War Ihnen bewusst, dass er mit einigen Mädchen Geschlechtsverkehr hatte?

ZEUGE: Ja.

GRIFFITH-JONES: Hatten *Sie* Verkehr mit Miss Keeler?

ZEUGE: Ja. Ich möchte hinzufügen, dass das vor meiner Ehe war.

Und das war's. An dem Montagmorgen in der zweiten Woche war das Aufgebot der Verteidigung beendet. Nun blieben nur noch die Schlussvorträge.

Es war ja im Grunde so, wie Mr. Griffith-Jones gesagt hatte – Dr. Wards Wort stand gegen das Wort der Welt. Der Welt von Christine Keeler. In diesem Moment setzte eine Art Beklommenheit ein, die wohl der wachsenden Überzeugung vieler Anwesenden entsprang, dass es als nicht gerecht empfunden würde, wenn Dr. Ward nicht freigesprochen würde. Und mit einer Verurteilung war durchaus zu rechnen. Bei Prozessbeginn hatten seine Chancen nicht besonders gut ausgesehen. Sie verbesserten sich während des Auftritts der Zeugen der Anklage. Während seines Verhörs setzte Optimismus ein, der sich während der Befragung der Zeugen der Verteidigung wieder abschwächte. Draußen vor dem Gerichtsgebäude verlief diese Kurve vermutlich etwas anders. Strafverteidiger rechneten zunächst offenbar mit einem Freispruch, doch schon gegen Prozessmitte machte das Wort vom Bauernopfer, vom Sündenbock die Runde.

Mr. Burge, tapfer und vernünftig bis zuletzt, hielt ein gutes Plädoyer, das aber nicht recht zündete. Mr. Griffith-Jones argumentierte auf absehbare Weise – »zwei mittellose kleine Hürchen, die in einem Nachtklub auftreten, und dieser Mann erzählt beiläufig Lord Astor davon, der sofort hundert Pfund für Miete ausspuckt … zwei mittellose kleine Hürchen, die mit allen möglichen Männern Geschlechtsverkehr haben, und dann haben wir diesen West-End-Osteopathen, der sich dort mit seinen Freunden herumtreibt ...«

Im Laufe dieses Plädoyers geschah etwas. Die Nachricht vom Freispruch Lucky Gordons sickerte in den Gerichtssaal ein. Um 11.20 Uhr [am 30. Juli] machte ein Zettel unter den Sonderkorrespondenten die Runde: LUCKY GORDON IST FREI ... Es folgten die Mittagsausgaben der Zeitungen. Mr. Burge wurde ein Zettel gereicht. Tags zuvor hatte er in seinem Plädoyer erklärt: »... wenn das Urteil gegen Gordon kassiert worden wäre und wenn man zu Recht behaupten könnte, dass Miss Keeler einen Meineid geleistet hat, wäre das für die Verteidigung natürlich eine große Hilfe gewesen. Wenn jene Sache also schon vor dem vorliegenden Fall entschieden worden wäre, aber nein ...« Nun war entschieden worden. Mr. Griffith-Jones sprach eine ganze Weile weiter. Um 12.10 Uhr unterbrach er seinen Vortrag. »Ich möchte eine Erklärung abgeben ... wenn Euer Lordschaft einverstanden sind.« Mr. Burge war aufgesprungen. Der Richter sagte sofort: »Ich bin informiert und werde mich zu einem geeigneten Zeitpunkt dazu äußern.« Und etwas später erklärte er dann: »Gordon war eine gegen Miss Keeler gerichtete Straftat zur Last gelegt worden. Der Beschuldigte hatte beantragt, dass bei seinem Prozess bestimmte Zeugen gehört werden sollten. Diese Zeugen wurden gesucht – Sie werden sich erinnern, dass die Polizei erklärte, man habe an verschiedenen Orten gesucht, die Zeugen aber nicht auffinden können – und bei dem Verfahren nicht gehört. Mittlerweile sind sie ausfindig gemacht worden und haben Aussagen gemacht. Die Berufungsinstanz hat diese Erklärungen zur Kenntnis genommen und entschieden, dass man nicht sagen könne, dass ein Geschworenengericht Gordon auch dann verurteilt hätte, wenn die Aussagen der beiden Zeugen gehört worden wären. Also wurde der Berufung stattgegeben. Die Entscheidung des Gerichts stellt – und das müssen Sie mir glauben – keine Bewertung von Miss Keelers Aussage dar. Dazu hat sich das Gericht nicht geäußert … *Dies ist eine jener sachfremden Angelegenheiten, die aus Ihren Überlegungen zu streichen ich Sie gebeten habe.* [Meine Hervorhebung; S. B.] Ich hielt es jedoch für richtig, Ihnen zu sagen, auf welcher Grundlage diese Entscheidung getroffen wurde, sodass Sie zumindest sicher sein können, dass ich Sie voll ins Vertrauen gezogen habe und ganz offen mit Ihnen gewesen bin.«

Die Verteidigung durfte keine Stellungnahme abgeben. Der Staatsanwalt konnte während seines Plädoyers ein paar Bemerkungen einflechten. »... Darauf läuft es hinaus. Natürlich bedeutet es nicht, dass das Berufungsgericht festgestellt hat, dass Miss Keeler lügt; es hat die Berufung nur zugelassen, weil die beiden Zeugen nicht anwesend waren.« Mr. Griffith-Jones fügte hinzu, und seine Worte haben inzwischen einen makabren Beigeschmack: »Schließlich, wenn Sie in diesem Verfahren auf ›Schuldig‹ erkennen, und zwar in Unkenntnis eines Sachverhalts, der im Berufungsverfahren Gordon zur Sprache gekommen ist, so kann sich der Angeklagte an dasselbe Berufungsgericht wenden, das heute Vormittag in der Sache Gordon entschieden hat. Es kann also, mögen Sie sich sagen, kein Unrecht geschehen.«

[In der Zwischenzeit ist Miss Keeler wegen Meineids und Behinderung der Justiz im Gordon-Prozess verhaftet worden. Die Sache ist anhängig.]

* * *

Restlose Ernüchterung brachte das Resümee. Der Richter erklärte den Geschworenen, dass es im nationalen Interesse sei, die im Laufe des Prozesses aufgedeckten Aktivitäten zur Kenntnis zu nehmen und angemessen zu würdigen. Eine der wichtigsten

Aufgaben eines Tribunals sei es, die Dinge mit kühlem Kopf zu betrachten. »Darum habe ich mich bemüht.« Er bat die Geschworenen, ruhig und leidenschaftslos zu urteilen und sich Überheblichkeit zu enthalten. Er habe sich eine Meinung gebildet, die er anderen aber nicht aufzwingen werde. Er hoffe, dass man zu einem einstimmigen Spruch kommen werde. »Abweichende Meinungen sind hier die absolute Ausnahme.« Er sagte, es sei schwer nachzuweisen, wenn jemand von den Einkünften aus Prostitution gelebt habe. Das müsse, sagte er, konkret erhärtet werden. Die Geschworenen müssten sich fragen, ob Miss Keeler und Miss Rice-Davies Prostituierte seien, ob Ward das wusste und, wenn ja, ob er mit diesem Wissen Geld für die Vermittlung und Bereitstellung von Räumlichkeiten für Geschlechtsverkehr erhalten habe. Der Richter bat die Geschworenen, ihren Spruch auf Grundlage der Zeugenaussagen und der »Persönlichkeit und Glaubwürdigkeit der Zeugen« zu fällen. Er wies sie darauf hin, dass die Zeugen der Verteidigung nur gegen die Aussage von Vickie Barrett aufgeboten worden waren. Er erinnerte an Miss Barretts ruhige und direkte Art. Und er wies darauf hin, dass ein Prozess »schließlich nicht mehr ist als der Versuch, die Wahrheit zu ergründen«.

Zu einigen Dingen sagte der Richter nichts. So äußerte er sich nicht zu der offensichtlichen Ehrlichkeit von Sylvia Parker, er äußerte sich nicht zu der Wahrscheinlichkeit oder Unwahrscheinlichkeit von Vickie Barretts Geschichte, und mit keinem Wort äußerte er sich zu Dr. Wards Verhalten im Zeugenstand.

Kurz vor Ende des Prozesstages fiel der Satz, von dem angenommen wird, er habe Stephen Ward den Todesstoß versetzt. »Die in diesen Fall involvierten Personen waren seine Freunde. Es mag viele Gründe geben, warum er in seiner verzweifelten Situation im Stich gelassen wurde. Darüber müssen Sie sich nicht den Kopf zerbrechen. Aber eines ist klar: Wenn Stephen Ward vor diesem Gericht die Wahrheit gesagt hat, dann gibt es in London viele Zeugen, hohen und niedrigen Standes, die hier hätten erscheinen und zu seinen Gunsten aussagen können.«

In seiner verzweifelten Situation im Stich gelassen. Das ließ nichts Gutes ahnen. Wer sich von all seinen Freunden im Stich gelassen fühlt, mag tatsächlich keinen anderen Ausweg sehen, als sich das Leben zu nehmen. Warum wurde er so im Stich gelassen?

Darüber müssen Sie sich nicht den Kopf zerbrechen. Was Richter Marshall nicht sagte: Wenn Stephen Ward im Kreuzverhör gelogen hatte, dann gab es in London viele Zeugen, die vor Gericht hätten erscheinen und die Anklage bekräftigen können. Die Polizei sprach mit rund hundertsechzig Personen. Man holte eine Erklärung von Mr. Profumo, Lord Astor, dem indischen Doktor ein. Wenn diese Männer tatsächlich das präsentierte Beweismaterial bekräftigten, warum wurden sie dann nicht vorgeladen? War das Gebäude der Anklage so robust, dass man glaubte, sich auf die Aussagen von Miss Keeler und Miss Vickie Barrett beschränken zu können?

Wenn Stephen Ward die Wahrheit sagte, warum haben dann seine Freunde, zumal die einflussreichen, nicht ihre Stimme erhoben? War zu viel zu verlieren und zu wenig zu gewinnen? Hatte man Ward schon abgeschrieben? Hielt man ihn für einen Saboteur der Gesellschaft, für ein Werkzeug der Russen oder einen Tölpel? Hatte er sich ins Abseits manövriert, weil er über Mr. Profumo ausgepackt hatte? Der Zeugenstand im Old Bailey war kein angenehmer Ort im Sommer 1963. Das Sexleben der meisten Menschen würde aus Sicht von Justiz und Presse albern oder verrucht oder erbärmlich aussehen. Männer denken an ihre Zukunft, an Frau und Kinder. Proust sprach von der *incroyable lâcheté des gens du monde*, der unglaublichen Feigheit der Leute von Welt. Sie haben tatsächlich mehr zu verlieren als Sylvia Parker (aber vielleicht nicht so viel wie Miss Ricardo).

In jener Nacht nahm Stephen Ward seine Überdosis. Schon am nächsten Morgen kurz nach neun brachten die Zeitungen die Meldung. Im Old Bailey standen die Leute betroffen herum, und hinter den Kulissen dürfte es lange Gesichter gegeben haben, denn üblicherweise werden Beschuldigte, die gegen Kaution auf freiem Fuß sind, am Vorabend eines Urteilsspruchs wieder in Gewahrsam genommen. Irgendjemand hatte wohl geschlafen. Eine Stunde lang sah es so aus, als wäre die große schwerfällige Maschine zum Stillstand gekommen, doch nach einigem Hin und Her setzte sie sich wieder in Bewegung. Man beschloss, ohne die Hauptperson weiterzumachen. Sowieso kommt dem Angeklagten in dieser Phase eine völlig passive Rolle zu. Der Richter gab Anweisung, Ward unter polizeiliche Bewachung zu stellen, da zu diesem Zeitpunkt noch immer angenommen wurde, er könne einige Tage später vor Gericht erscheinen. Der Richter setzte sein Resümee fort. Die Stunden vergingen in ermüdender Sinnlosigkeit. Um 14.30 Uhr zogen sich die Geschworenen zurück. Einige Zeit später kehrten sie zurück, um zusätzliche technische Instruktionen einzuholen. Nach insgesamt viereinhalb

Stunden gaben sie ihren Spruch ab. Dr. Ward hatte geglaubt, dass seine Sache mit Vickie Barrett stehe oder falle. Er hatte sich getäuscht. In diesem Punkt und in allen anderen Nebenpunkten erkannten die Geschworenen auf »nicht schuldig«. Sie sprachen ihn schuldig, ganz oder teilweise von Christine Keelers und Marilyn Rice-Davies' sittenwidrigen Einkünften gelebt zu haben. Der Richter erklärte, dass er sein Urteil zu einem späteren Zeitpunkt verkünden werde, wenn Ward »imstande ist, physisch im Gerichtsaal anwesend zu sein«.

Wie dieses Urteil ausgefallen wäre, werden wir nie erfahren. Das ist nicht die einzige offene Frage nach diesem Prozess. Was war der Grund für die gnadenlose Verfolgung von Dr. Ward, und warum verfing sie? War es das Ergebnis einer bewussten Entscheidung, hat irgendjemand, irgendwo, bestimmte Dinge angedeutet, ausgesprochen, angeordnet? Oder war es die Summe von Zufällen, von fast unbewussten Manipulationen von Trends und Meinungen, von etwas Atmosphärischem? Wenn wir hartnäckig genug fragen, werden wir die eine oder andere Antwort bekommen. Der Rest darf nicht Schweigen sein.

Nachwort

Ein armseliges Grüppchen von sechs Trauergästen nahm zehn Tage nach der Schuldigsprechung von Stephen Ward an seiner Einäscherung teil. Der zwischen hoher Gesellschaft und Halbwelt verkehrende Osteopath war am 3. August 1963 nach achtzig Stunden im Koma einer Barbituratvergiftung erlegen. Im Krematorium des Londoner Vororts Mortlake lag neben dem Kranz seiner Angehörigen ein Gebinde aus Hunderten von weißen Rosen. Die beiliegende Karte trug die knappe Botschaft: »Für Stephen Ward, ein Opfer britischer Heuchelei.«

Zu den Blumenspendern zählten der Theaterkritiker Kenneth Tynan, die Dramatiker John Osborne, Arnold Wesker und Joe Orton, die Schriftsteller Angus Wilson und Alan Sillitoe sowie der Jazzmusiker George Melly. Im Fernsehen verlieh Tynan der weitverbreiteten Meinung Nachdruck, das Establishment habe Stephen Ward schweres Unrecht widerfahren lassen: »Die Gesellschaft hat ihn geschaffen, benutzt, schonungslos zerstört und dann die Reihen geschlossen um seine Leiche.«

Stephen Ward hatte sich in den vorangehenden Monaten ähnlich abfällig geäußert über die hochgestellten Freunde, von denen er sich im Stich gelassen fühlte. Dennoch versuchte er, den Glauben an die Gerechtigkeit der britischen Justiz zu bewahren. Nach sieben Tagen auf der Anklagebank hatte ihn das Resümee des Richters Sir Archie Marshall allerdings jeder Hoffnung beraubt, wie er in einem von mehreren Abschiedsbriefen mitteilte, die er in der Nacht vor dem letzten Prozesstag am 31. Juli verfasste.

Am Nachmittag hatte Ward beim Verlassen des Gerichts einem Reporter gegenüber von einem »politischen Racheprozess« gesprochen – »es musste jemand geopfert werden, und derjenige war ich«. In einem schroffen Leitartikel widersetzte sich der *Guardian* damals der Stilisierung Wards zum Märtyrer, der den Kopf hingehalten habe für das Establishment. Er sei Opfer seiner eigenen Triebe gewesen, die ihn zu vielen »schmutzigen Arten von Verbrechen« verleitet hätten, befand die linksliberale Zeitung mit mehr als einem Hauch jener naserümpfenden Selbstgerechtigkeit, die sowohl der Richter als auch der Staatsanwalt gegenüber dem Angeklagten zeigten. In seiner von der Regierung beauftragten Untersuchung der möglichen Sicherheitsrisiken, die sich aus Christine Keelers gleichzeitigen Liaisons mit dem Kriegsminister John Profumo und dem sowjetischen Agenten Jewgenij Iwanow sowie durch Wards Beziehungen zum britischen Spionageabwehrdienst ergaben, nahm Lord Denning eine ebenso herablassende Haltung ein. Er hat den zuchtlosen Osteopathen, der sich nicht nur dank seiner Heilkünste bei seiner prominenten Klientel einschmeichelte, sondern auch durch die Vermittlung von leichten Mädchen an die Herren der hohen Gesellschaft, als Inbegriff des Lasters und der Sittenlosigkeit verteufelt. Die im Zuge seiner Ermittlungen eingeholten Aussagen über Ward seien derart zotig gewesen, dass er die Stenographen aus dem Raum geschickt habe, verriet Denning später. Dabei breitete er in seinem im September 1963 veröffentlichten Bericht mit der uneingestandenen Lust des Puritaners, der sich unter dem Deckmantel der Moral an der Verderbtheit anderer weidet, jedes schlüpfrige Detail über die »Umstände, die zum Rücktritt des ehemaligen Kriegsministers Mr. J. D. Profumo führten«, aus.

Das Dokument war ein Verkaufsrenner. Vor der Staatsdruckerei und der größten Buchhandlung

Londons, die aus diesem Anlass um Mitternacht aufmachten, bildeten sich lange Schlangen. Die Menschen rissen sich um den Bericht. Allein in der ersten Stunde wurden viertausend Exemplare verkauft. Dennings schmökerhafte Darbietung mischte sich mit einer frömmelnden Überheblichkeit, die dem Gehabe des Staatsanwalts im Ward-Prozess entsprach. Dort hatte Mervyn Griffith-Jones seine Verachtung für den Lebenswandel des Angeklagten durch eine ausgesprochen pompöse Ausdrucksweise zur Schau gestellt. Sie schien dem 18. Jahrhundert näher zu sein als den Swinging Sixties. Die Verteidigung konstatierte denn auch, dass der »gelehrte Freund« selbst eine Hochzeitsreise als obszön darstellen würde. Wie wenig der stockkonservative Staatsanwalt dem Zeitenwandel Rechnung trug, hatte er bereits drei Jahre zuvor in dem Aufsehen erregenden Verfahren gegen den Penguin-Verlag offenbart, der das Recht erstritt, die unzensierte Fassung von D. H. Lawrences Roman *Lady Chatterleys Liebhaber* zu veröffentlichen. Griffith-Jones machte sich zum allgemeinen Gespött, als er sich über die vielen unzüchtigen Wörter ereiferte und die Geschworenen fragte, ob dies ein Buch sei, von dem sie wollten, dass es ihre Ehefrauen und Bediensteten läsen.

Überhaupt galt für den Profumo-Skandal, was der Penguin-Verlag bereits für den *Chatterley*-Prozess in Anspruch genommen hatte: dass es sich nicht bloß um ein rechtliches Gerangel gehandelt habe, sondern um einen Widerstreit der Generationen und Gesellschaftsschichten. Eine kleine Vignette aus dem Ward-Prozess macht einerseits die Ergebung in eine nahezu schicksalshaft empfundene Ordnung der gesellschaftlichen Schranken anschaulich und andererseits die zunehmende Verachtung für die Mafia jener »Old Boys«, die durch Familien, Schulen und Klubs auf Gedeih und Verderb miteinander verbunden sind. Als der Anwalt Christine Keelers kesse Freundin Mandy Rice-Davies darauf aufmerksam machte, dass Lord Astor ihre Aussagen über die Intimität der Bekanntschaft zurückgewiesen habe, erwiderte sie schlagfertig: »He would, wouldn't he?« Die geistesgegenwärtig-schnöde Bemerkung wurde vor einigen Jahren in das *Oxford Dictionary of Quotations*, den *Büchmann* der englischen Sprache, aufgenommen als Beispiel für das Klassengefüge, das auch in der Profumo-Affäre eine Rolle spielte. Sie hat nicht nur die britische Oberschicht in ihren Grundfesten erschüttert, sondern auch eine Auflockerung bewirkt, die vielerorts als Befreiung wahrgenommen wurde.

Philip Larkin brachte die Atmosphäre jener Zeit in seinem Gedicht *Annus Mirabilis* auf den Punkt mit der Erklärung, dass der Geschlechtsverkehr 1963 begonnen habe »zwischen der Aufhebung des *Chatterley*-Verbots und der ersten Langspielplatte der Beatles«, was, wie er trocken hinzufügte, für ihn persönlich etwas spät gekommen sei. Gewiss hatte Larkin auch die Profumo-Affäre im Sinn. Die beiden dicht aufeinanderfolgenden Eklats legten die Kluft zwischen dem traditionellen Establishment und einer neuen, freizügigeren Öffentlichkeit bloß, die den Trägern der alten Ordnung Paroli bot. Eine Reihe von Skandalen hatte die moralischen Gewissheiten von einst bereits ins Wanken gebracht. Dazu gehörte die Scheidungsklage des Herzogs von Argyll, an deren wüsten Einzelheiten sich die Londoner Gesellschaft ebenso delektierte wie an dem Klatsch um die in die Gesellschaft eingeschleusten Schützlinge Stephen Wards. In der durch pikante Details aus diesem Milieu angeheizten Stimmung sorgten Polaroidphotos eines »kopflosen Mannes« im Sommer 1963 für besondere Aufregung, zumal sie neben dem sexuell erregten Herrn auch die bis auf eine Perlenkette unbekleidete Herzogin von Argyll zeigten. Da auch ein Regierungsmitglied unter den möglichen Liebhabern der promiskuitiven Societydame genannt wurde, befasste sich Lord Denning im Zuge seiner Ermittlungen über die Profumo-Affäre mit der Identität des kopflosen Mannes. Winston Churchills Schwiegersohn Duncan Sandys, Minister für die Kolonien, musste sich auf Dennings Anordnung einer medizinischen Prüfung seines Intimbereichs unterziehen. Die Ärzte konnten ihm bescheinigen, dass seine physischen Eigenschaften in »unverkennbaren und wesentlichen Aspekten« von denen des abgebildeten Herrn abwichen. Erst Jahre später stellte sich heraus, dass die Aufnahmen nicht einen, sondern zwei verschiedene Männer darstellten, den Filmschauspieler Douglas Fairbanks jr., den Denning zwar durch einen Handschrifttest ausgemacht, aber vor der Enttarnung verschont hatte, und eben den fälschlich entlasteten Sandys.

Selbst die regste Fantasie hätte sich die seltsame Verkettung von Ereignissen nicht ausdenken können, die ihren Anfang in Cliveden nahm, dem Anwesen der Astors an der Themse. In den dreißiger Jahren bildete es den gesellschaftlichen Mittelpunkt der Anhänger von Chamberlains Beschwichtigungspolitik. Jetzt diente der Besitz gleichsam als Schmelzpunkt zweier Welten. Die Erotik führte sie zusammen. In ihren gegensätzlichen Weltanschauungen verkörperten sie jedoch die zunehmende

Polarisierung der konventionellen und permissiven Kräfte. Sie zogen in dieser Zeit des sozialen Umbruchs in gegensätzliche Richtungen. Am einen Ende stand der alternde Premierminister Harold Macmillan, der dem Unterhaus unter lautem Gelächter erklärte, weshalb er John Profumo geglaubt habe, als dieser ihm plausibel zu machen versuchte, dass die Anrede »Darling«, die er in einem verfänglichen Brief an Christine Keeler verwendet hatte, in den Kreisen, in denen er und seine Frau, die Schauspielerin Valerie Hobson, verkehrten, völlig harmlos sei. Den alten Kauz spielend, bekannte Macmillan, selber nicht viel mit jungen Leuten in Berührung zu kommen. Während der Premier auch in seinem eigenen Privatleben ein Auge zudrückte und den Schein wahrte, obwohl es ein schlecht gehütetes Geheimnis war, dass seine Frau ein langes Verhältnis mit dem etwas zwielichtigen Lord Boothby hatte, traten Stephen Ward, Christine Keeler und ihre Freundin Mandy Rice-Davies am anderen Ende des Gefälles mit ihrem flamboyanten Lebenswandel dieser heuchlerischen Einstellung entgegen.

Das junge Flittchen, das an jenem heißen Julitag des Jahres 1961 nackt am Schwimmbecken von Cliveden herumtollte, als es dem Kriegsminister John Profumo erstmals ins Auge sprang, ließ sich das Gemüt nicht trüben durch falsche oder echte moralische Maßstäbe. Christine Keeler lebte in den Tag hinein und hüpfte fröhlich von einem Bett zum nächsten, ganz nach Lust und Laune. An jenem Wochenende war sie wie oft zuvor in dem Häuschen zu Gast, das Lord Astor seinem Freund Stephen Ward für eine nominelle Pacht zur Verfügung gestellt hatte. Das Kabinettsmitglied gehörte mit seiner Frau zur Wochenendgesellschaft des Schlossherrn. Aus dieser Begegnung entwickelte sich die verhängnisvolle Beziehung, die den Minister knapp zwei Jahre später, als er die Affäre längst beendet hatte, um seine Karriere brachte, Stephen Ward das Leben kostete, die Zukunft der Regierung Macmillan aufs Spiel setzte, die Geheimdienste auf beiden Seiten des Atlantik alarmierte und auch das Weiße Haus streifte.

Sämtliche Komponenten, die das Interesse der britischen Öffentlichkeit aufzureizen pflegen, vermengten sich in der Profumo-Affäre zu einem verwegenen Cocktail aus Sex, Spionage, Drogen, Gaunerei und politischer Intrige, dies alles vor dem Hintergrund des archaischen Klassensystems, als dessen Verfechter der Staatsapparat mitsamt der Justiz wahrgenommen wurde. Als sich in einer heißen Phase des Kalten Kriegs Berichte über eine gefährliche Bettgeschichte mit möglichen sicherheitspolitischen Verstrickungen herumsprachen, schwirrten die wildesten Gerüchte durch London. Auch das Königshaus wurde aufgrund von Wards Bekanntschaft mit Prinz Philip und anderen Mitgliedern der königlichen Familie, die er gezeichnet hatte, in das wollüstige Gemunkel hineingezerrt. Obwohl sich die Indizien langsam verdichteten für eine Affäre zwischen dem Kriegsminister und einem vermeintlichen Callgirl, das wiederum mit dem als stellvertretender Marineattaché getarnten sowjetischen Spion Jewgenij Iwanow liiert sei, blieben die Zeitungen lange stumm. Hier und da brachten sie versteckte Anspielungen ein, die das Geflüster zum Gebrüll anschwellen ließen. Aber es verging Monat um Monat, ohne dass jemand offiziell mit der Sprache herauszurücken wagte.

Erst als einer von Christine Keelers Liebhabern am 14. Dezember 1962 im Eifersuchtswahn vor der Wohnung Stephens Wards wild um sich schoss und die Polizei eingeschaltet wurde, begannen sich die einzelnen Stränge allmählich auch in der Öffentlichkeit zu entwirren. Hinter den Kulissen – beim Geheimdienst, in den Büros des Unterhauses, in den Redaktionen der Fleet Street und in den Londoner Salons – wurde schon lange darüber gemunkelt.

Unter dem Schutz der parlamentarischen Immunität brachte ein Labour-Abgeordneter, der Profumo seit einiger Zeit im Visier hatte, den Ball schließlich am 21. März unaufhaltsam ins Rollen mit der Forderung, dass die Regierung endlich Stellung nehmen solle zu den Gerüchten über Christine Keeler, Mandy Rice-Davies und einen Minister. Am nächsten Tag beteuerte Profumo, dass zwischen ihm und Fräulein Keeler »nichts Ungehöriges« vorgefallen sei. Aber der unverfrorene Schwindel erwies sich als untragbar. Am 5. Juni lenkte Profumo ein und verschwand aus dem öffentlichen Leben. Wie ein mittelalterlicher Büßer leistete er bis zu seinem Tod im Jahr 2006 mit wohltätiger Arbeit Abbitte. Es ist oft behauptet worden, Profumos Karriere sei nicht an seiner Affäre mit Christine Keeler gescheitert, sondern an seiner Unaufrichtigkeit vor dem Parlament. Die Reaktionen auf sein Geständnis wiederlegen diese These.

Mehr als einhundert Jahre, nachdem Lord Macaulay im Zusammenhang mit Byrons skandalumwitterter Flucht aus England gehöhnt hatte, es gebe kein lächerlicheres Schauspiel als das der britischen Öffentlichkeit »in einem ihrer periodischen Anfälle von Moral«, plusterte sich die Respektabilität, allerdings nicht ganz ohne Grund, wieder einmal zu einem solchen Spektakel auf. Der Oppositionsführer sah das »moralische Gewissen der Nation« durch das »schmutzige Netz der Unterwelt« angegriffen. Die *Times* verwies auf die fleißigen Bemühungen von Politikern, der Öffentlichkeit auszureden, die Affäre unter moralischen Gesichtspunkten wahrzunehmen. Der Leitartikler fand, es sei an der Zeit festzustellen, dass es in der Tat um Moral ginge. Diese sei zu lange unberücksichtigt geblieben. Und die reißerischen Details, die nach und nach durchsickerten, ließen die *Washington Post* das Auftreten eines neuen Bildes »umfassender Dekadenz unter dem Glanz eines großen Abschnitts der steiflippigen Gesellschaft« feststellen.

Moralische Erwägungen dieser Art waren nicht Sybille Bedfords Anliegen. Ihre von frühester Jugend an gehegte Faszination für das Strafjustizsystem rührt nicht zuletzt aus der Neugier der Schriftstellerin an dem breiten Spektrum der menschlichen Komödie, das im Gerichtssaal anzutreffen ist. In diesem Sinne hat sie die ersten Minuten eines Prozesses einmal mit dem Auftakt eines Bühnenstücks verglichen und Gerichtsberichte als eine gute Schule für Romanautoren bezeichnet. In den persönlichen Dramen vor Gericht spiegelte sich auch jener Konflikt zwischen der Verantwortung für das eigene Schicksal und den unvorhersehbaren, schwer kontrollierbaren Fügungen, der im Herzen von Sybille Bedfords Romanen liegt.

Sie sah das Gesetz und dessen tägliche Anwendung auf Menschen und Situationen als wesentliches Element im Leben eines Landes. »Es formt und drückt die Denkarten eines Landes aus, dessen politische Konzepte und Wirklichkeiten, dessen Verhalten.« Es hänge alles zusammen, »ob die Menschen selber es anerkennen wollen oder nicht, und das Ganze ist Teil der Welt, in der wir leben«. Insofern ist der Bericht über den Ward-Prozess, der wohl aufgrund des Selbstmords bis jetzt unveröffentlicht blieb, auch als ein britisches Sittengemälde zu sehen. Er bestätigt zugleich die Auffassung der Autorin, dass Gerichtsverfahren lehrten, wie schwer es sei, der Wahrheit auf den Grund zu gehen.

Sybille Bedford war eine der Letzten, die Stephen Ward noch bei Bewusstsein erlebten. Die beiden teilten sich am Ende des Gerichtstags ein Taxi nach Chelsea. Sybille Bedford versuchte den sichtlich verstörten Angeklagten zu trösten. Sie hielt seine Hand. Was vom weiteren Ablauf seines Abends bekannt ist, lässt darauf schließen, dass er sich bereits entschlossen hatte, in den Tod zu gehen. In einem

Brief, den sie am Nachmittag des folgenden Tages schrieb, nachdem sich die Geschworenen zurückgezogen hatten, um über den Ausgang zu beraten, gab Sybille Bedford zu erkennen, wie sehr sie der Prozess mitgenommen hatte. »Dr. Ward ist im Krankenhaus, wahrscheinlich noch bewusstlos«, berichtete sie ihrer Freundin; »es ist eine merkwürdige Angelegenheit. Ein schweres Gefühl von Tragödie, Verwirrung & Vergeudung. Seltsam & schmuddelig & unmenschlich.« Sie bezweifelte, ob irgendjemand die volle Wahrheit sage, und bekannte, dass sie vor Erschöpfung umfalle: »Es ist so ein Marathon …« Der Brief ist mit der Uhrzeit gekennzeichnet: »3.05 nachmittags«. Rund vier Stunden später trat das Gericht wieder zusammen, um das Urteil zu hören. Im Dezember 1963 wurde Christine Keeler des Meineids im Lucky-Gordon-Prozess schuldig gesprochen und zu neun Monaten Gefängnis verurteilt. Damit standen freilich auch ihre Glaubwürdigkeit im Ward-Prozess und der Ausgang dieses Verfahrens noch stärker infrage.

Viele teilten damals das Unbehagen, das Sybille Bedford in ihrem Bericht zum Ausdruck bringt. Manche sahen Stephen Ward sogar als den britischen Dreyfus. Der einflussreiche Anwalt Lord Goodman bezeichnete ihn als »das historische Opfer einer historischen Ungerechtigkeit«. Das *Oxford Dictionary of National Biography*, das die Lebensgeschichten derer verzeichnet, die die britische Vergangenheit geprägt haben, brachte es auf eine andere Formel. Dort wird Stephen Ward als »Osteopath und Sündenbock« eingeführt.

Februar 2011 *Gina Thomas*

Treibsand

Erinnerungen einer Europäerin
Aus dem Englischen von Matthias Fienbork
376 Seiten

Die Erinnerungen der Kosmopolitin Sybille Bedford, die Literatur, Reisen und gutes Essen fast so sehr schätzte wie ihre Freundschaften mit den europäischen Künstlern und Dichtern ihrer Zeit, sind eine Fundgrube für all jene Leser, die sich den Reichtum und die Dramatik des 20. Jahrhunderts anhand einer außergewöhnlichen Lebensgeschichte vor Augen führen möchten.

»Bedford schreibt mit leichter Hand und hellem Verstand eine elegante Prosa … *Treibsand* nennt sie ihre Erinnerungen … Ein schönes Bild für ein turbulentes Leben, in dem man auch hätte untergehen können.« *Gabriele von Arnim, Literarische Welt*

Rückkehr nach Sanary

Roman einer Jugend
Aus dem Englischen von Sigrid Ruschmeier
478 Seiten

Große Hüte und weiße Leinenkleider, Tennismatchs und Bootspartien, kühler Weißwein und Künstleravantgarde: Das Idyll eines Fischerdorfs an der Côte d'Azur bildet den Hintergrund einer bewegten Jugend in dramatischer Zeit. Der große autobiografische Roman von Sybille Bedford, ein literarisches und zeitgeschichtliches Dokument ersten Ranges.

»Bedfords Prosa ist spritzig und humorvoll, assoziativ und sinnlich.« *Neue Zürcher Zeitung* »Dieses Buch erfüllt, was wir uns von Büchern wünschen: Es beantwortet die Fragen, auf die es ankommt. Was ist das Leben? Was bedeutet es? Und wie halten wir es aus?« *Chicago Tribune*

Ein Liebling der Götter

Roman

Aus dem Englischen von Sigrid Ruschmeier

380 Seiten

An einem strahlenden Herbsttag der späten Zwanzigerjahre reist die junge Flavia mit ihrer schönen Mutter Constanza von Italien an die Côte d'Azur. Eigentlich hatten die beiden vor, nach Brüssel weiterzufahren, wo Constanza sich neu vermählen wollte – aber da ihr im Zug ein wertvoller Ring geklaut wird, verzögert sich die Reise.

»Eine glänzend erzählte Geschichte, die stilistisch an Henry James erinnert.« *The New Yorker* »Ein elegant-ironisches Familienporträt …, in dessen Mittelpunkt drei wundervolle Frauen stehen.« *Brigitte* Ein »grandioser Roman … in erstklassiger Neuübersetzung«. *Frankfurter Allgemeine Sonntagszeitung*

Ein trügerischer Sommer

Roman

Aus dem Englischen von Sigrid Ruschmeier

282 Seiten

Ende der Zwanzigerjahre war Europa ein Ort der Hoffnung. Jedenfalls für die 17-jährige Flavia, die sich einen Sommer lang an der Côte d'Azur einrichtet, um für ihren Studienplatz in Oxford zu büffeln. Noch ahnt sie nicht, welche Ablenkungen auf sie warten. – Elegant und scharfzüngig nimmt Sybille Bedford in dieser Fortsetzung von *Liebling der Götter* die mondäne Gesellschaft aufs Korn und zeigt nebenbei, wie tief die Abgründe der Verführbarkeit sein können.

»Leicht, witzig, gehaltvoll, wehmütig – groß.« *Frank Goosen, Frankfurter Rundschau* »Elegant, mit leichter Hand und durchaus tiefsinnig entfaltet Sybille Bedford das Drama eines begabten Kindes …« *Edelgard Abenstein, Deutschlandradio »Kultur«*

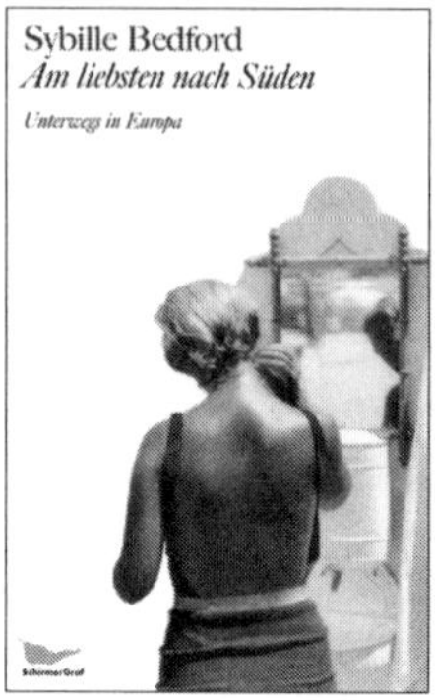

Am liebsten nach Süden

Unterwegs in Europa
Aus dem Englischen von Matthias Fienbork
220 Seiten

Auf dem Höhepunkt ihres literarischen Erfolgs reiste Sybille Bedford im Auftrag von Zeitschriften wie *Vogue* und *Esquire* quer durch Europa: Sie verkostete Bordeaux-Weine, hausgemachte Pasta in Rom oder Turin, probierte ländliche Hotels in der Normandie aus und Venedig im Winter. Sie testete fachmännisch die Straßen in Jugoslawien und fuhr mit einem Blick, als käme sie von einem anderen Stern, durch Dänemark. Ihre Entdeckungen und Erkenntnisse sind von zeitlosem Charme – und von erstaunlicher Aktualität.

»Sybille Bedford scheint unterwegs geboren zu sein.« *Bruce Chatwin*

Zu Besuch bei Don Otavio

Eine mexikanische Reise
Mit einem Vorwort von Bruce Chatwin
Aus dem Englischen von Christian Spiel
430 Seiten

Zusammen mit einer Freundin und nicht viel mehr Gepäck als einem Lunchkorb macht Sybille Bedford sich von der New Yorker Grand Central Station auf in Richtung Süden. Ohne geplante Reiseroute, aber auch ohne Vorurteile – dafür mit hellwachen Sinnen.

»1953 debütierte Sybille Bedford mit ihrem aufsehenerregenden literarischen Reisebuch über Mexiko. ›Ich hatte ein großes Bedürfnis nach einer Ortsveränderung‹, erklärt sie … Das Ergebnis ist diese brillante und komische Geschichte zweier Frauen in einem widerspenstigen Land.« *Brenda Wineapple, The New Criterion*